プライベートバンカー

清武英利

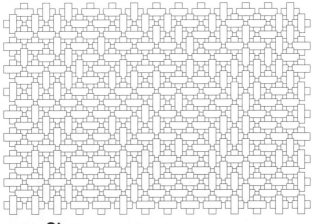

講談社+α《プラスアルファ》文庫

プライベートバンカー　目次

追跡章　真相の向こう側

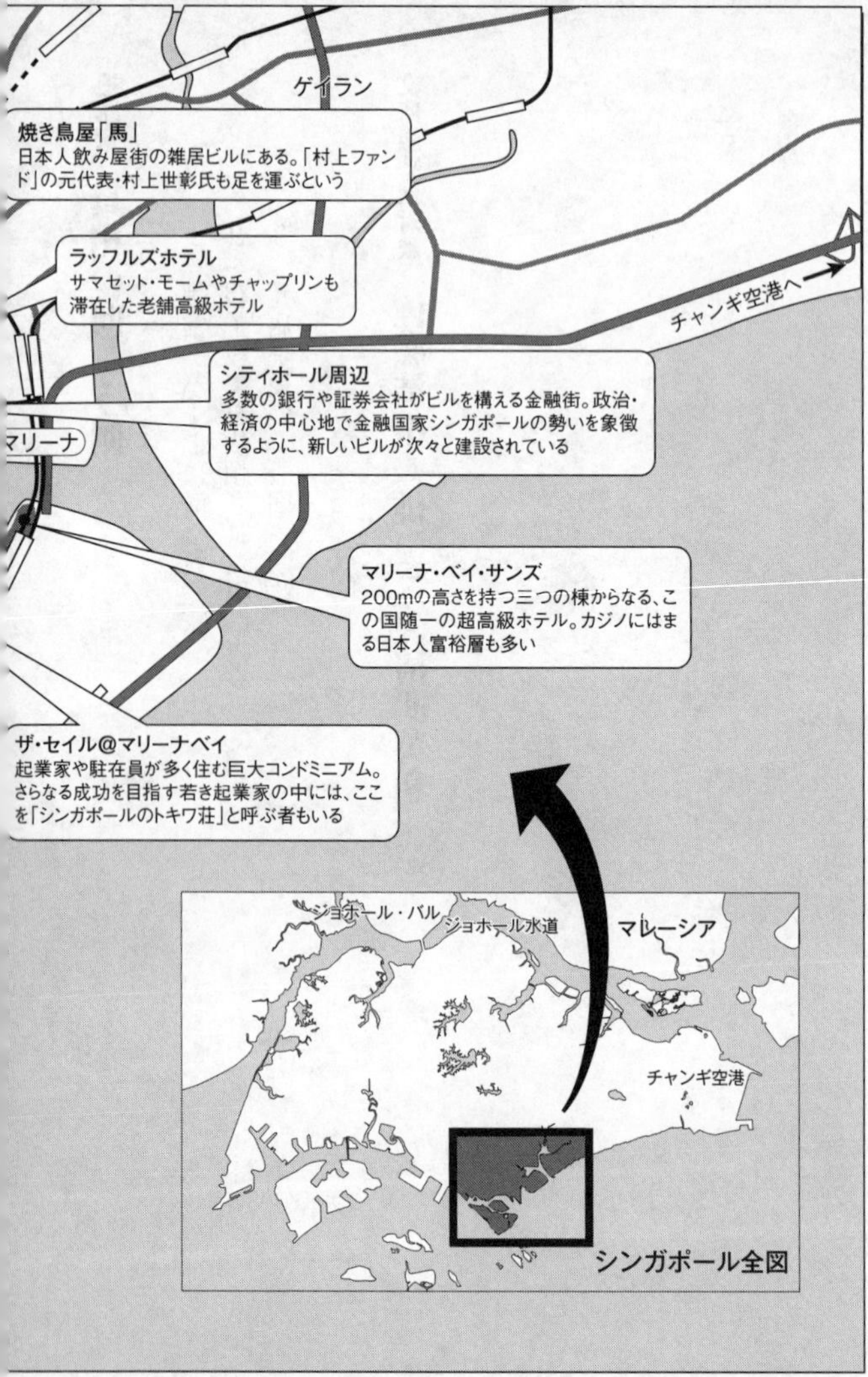

ゲイラン
焼き鳥屋「馬」
日本人飲み屋街の雑居ビルにある。「村上ファンド」の元代表・村上世彰氏も足を運ぶという
ラッフルズホテル
サマセット・モームやチャップリンも滞在した老舗高級ホテル
チャンギ空港へ
シティホール周辺
多数の銀行や証券会社がビルを構える金融街。政治・経済の中心地で金融国家シンガポールの勢いを象徴するように、新しいビルが次々と建設されている
マリーナ
マリーナ・ベイ・サンズ
200mの高さを持つ三つの棟からなる、この国随一の超高級ホテル。カジノにはまる日本人富裕層も多い
ザ・セイル@マリーナベイ
起業家や駐在員が多く住む巨大コンドミニアム。さらなる成功を目指す若き起業家の中には、ここを「シンガポールのトキワ荘」と呼ぶ者もいる
ジョホール・バル
ジョホール水道
マレーシア
チャンギ空港
シンガポール全図

シンガポール中心部
シャングリ・ラ
五つ星ホテル。サービスアパートメントを併設し、日本の元大手メーカー会長が家賃約200万円の部屋に暮らしている
タングリン地区
シンガポール屈指の高級住宅街。資産30億円の元パチンコ業者が居を構える
ニュートン
「UBIキャピタルシンガポール」のオフィスが置かれていた住宅街
オーチャード
カッページ
オーチャードロード
商業の中心部。約2.5kmの通りにショップが密集する。日本人観光客も多い
オーチャードレジデンス
オーチャード駅の真上にある54階建ての超高級コンドミニアム。階下にはブランドショップが軒を連ねる。25億円の資産を持つM氏はここの高層階に一人で住む
フェアモントホテル
シティホール
シンガポール川
シンガポール明治屋
現地最大の日本食スーパー。駐在員から富裕層まで多くの日本人が集まり、情報交換の場にもなっている
マーライオン
チャイナタウン
リパブリックプラザ
「BOS」のオフィスがあった。建築家・黒川紀章の設計で、眼下にマーライオンを見下ろす。「伝説の相場師」もここに事務所を構える
セントーサ・ゴルフ・クラブ
名門ゴルフ場で、アジア最高のコース
セントーサ島

富は海水に似ている。飲めば飲むほどますます渇いてくる。

——ショーペンハウアー『余録と補遺』

序章

てらてらと脂で光る焼き台が店の真ん中にあり、そこから流れる焼き鳥と醬油ダレの煙が、コの字形のカウンターに取り付いた十数人の客をぼんやりと包んでいる。

薄くたれこめた煙の中から声が聞こえてきた。

「あかん、もう退屈で死にそうや。日本に帰りたいわ」

男は五十がらみ、「カウス」という綽名《あだな》が付いている。吉本興業大阪の漫才コンビ、中田カウス・ボタンのボケ担当にそっくりなのである。

だが、本人は綽名で呼ばれていることを知らない。隣に座る女性たちがそう名付けて、いつの間にか彼女の勤め先で広がっていることも、もちろん知らなかった。男は柔らかな茶髪の彼女を口説くでもなく、四角の顔を天井に向け、脂の浸《し》みのあたりを見つめていた。

「やることがないのや。暇なんが一番怖いのう」

「何を言ってるんですか、また！　贅沢《ぜいたく》ですよ」

女性から軽くたしなめられたカウス氏はうつむいて、しばらくするとまた愚痴り始めた。

「わしな、毎日、手帳にバツ印をつけて数えているんや。あと何年と何日ってな。一日が過ぎると大きくバツを書き入れるんやが、五年は長いなあ。大阪に戻りたいな」

彼は関西でパチンコ屋や不動産業を手広く営んでいたが、それらの多くを売ってシンガポールに移住してきた。永住権も取得済みだ。

当地の金融機関に明かした資産だけで三十億円を下らないという。「本当は、そんなもんやない」と友人には漏らしているのだが、そのうち約十億円をムーディーズ格付けAa1の名門行「Bank of Singapore（シンガポール銀行）」で運用し、残りを不動産投資に充てている。シンガポールが不動産バブルということもあって、ぶらぶらと日々を送るだけで毎年数千万円は増えていく計算だ。

「だったら、また日本に帰ってくればいいじゃないですか。おカネならいくらでもあることだし……」

「そうはいくかい！」

声を上げた女性を、ここでは中村咲子としておこう。これは仮名だが、実在のシンガポール銀行――当地では銀行の頭文字を取って「BOS《ビーオーエス》」と呼ばれている――の銀行員である。店の常連だが、厚めの化粧に長いつけまつげ、それに両肩を開けた薄いブラウスも場違いだった。身長が百五十五㎝と小柄であることも加わって、親子かそれ以上に歳が離れているように見える。

これでも富裕層の資金を集め、運用するプライベートバンクのアシスタントだ。ジャパンデスクに所属し、日本人富裕層を受け持っていた。担当の半数以上が日系コリアンである。

プライベートバンカーは一億円以上の金融資産を持つ金持ちしか相手にしない。彼らの定義によると、富裕層とは「一億円〜五億円未満」、超富裕層は「五億円以上」の資産を持つ者だそうだ。これは不動産などを含まない金融資産のみの金額である。それ以下の準富裕層「五千万円〜一億円未満」やアッパーマス層「三千万円〜五千万円未満」、加えて、持たざるマス層＝庶民はプライベートバンクに口座を開設することもできない。

「私たちの対象は立場のある大金持ちの方ばかりです。税金の申告漏れとも無縁ですね。いわゆるチンピラのおカネは扱いません」

平然と語るバンカーもいて、二億円以上の金融資産がなければ取引はお断りというところもある。

咲子はこうした富裕層の憂《う》さを晴らす接待要員として、極めて有能なアシスタントである。金融知識は今一つだが、酒が入ると白い頬が薄い桃色に輝き、舌の回りもよくなって、日によっては酒乱と疑われるほどに盛り上がる。うるみを帯びた目が少し吊り上がって蓮《はす》っ葉《ぱ》な感じを与えるところも付き合いやすいらしく、どの顧客にも好かれていた。

今夜は上司の指示を受け、顧客であるカウス氏のご機嫌伺いをしている。彼女の側から誘い、それでいて接待費用は客持ちである。

「飛行機に乗れば日本まで七時間でしょう。時間もたっぷりあるじゃないですか」

「わかってるやろ、わしは一年の半分以上はシンガポールにおらんといかんねん。そうそう戻れんわ。税務署がチェックしとるもん」

男は「五年は長い」と漏らし、「一年の半分以上はシンガポールにおらんといかん」と言う。そんな微妙な話の後に、「税務署」という言葉が続いて、日本人客たちの耳がピクリと動いたように見えた。顔を上げない客たちも二人の会話に耳をそばだている。

煙越しに声が通る中年男は酔いのせいか、ここが赤道直下の焼き鳥屋だということを忘れかけていた。

その店は、当地最大の繁華街であるオーチャードロードの裏手にある。

オーチャードロードのOGデパートから路地に入る。大型エアコンの生暖かい排気に煽られながら奥へと歩くと、八階建ての雑居ビルの一階の角に焼き鳥屋「馬」は現れる。

一帯は「カッページ」と呼ばれている。もともとは英植民地時代の地主の名前だったが、裏通りの名前になり、今は日本人がたむろする猥雑《わいざつ》な飲食店街を指していた。東京・新宿の新宿ゴールデン街の半分ほどの区画に、居酒屋、ちゃんこ屋、カラオケ、バー、キャバクラ、おかまバーなどが小さな看板を出し、ひっそりと日本人飲み屋街の景色をつくっている。

界隈《かいわい》の雑居ビルはどこも数坪単位で区切られていて、多くがストールと呼ばれるドアのない小店だ。その小さなTシャツ屋、帽子屋、靴屋、マッサージサロン、ポルノショップに向かって、低層階に陣取るローカルフード店の揚げ油と香辛料の甘辛い匂いがねっとりと攻め込んでくる。

焼き鳥屋はこれに抗して、がっちりとしたドアで店を固め、クーラーをうなるほど効かせていた。換気が抑え目だから、店の中は醬油と焼酎の香りが勝っているのだが、その代わりに煙が目と衣服に沁みてくる。

店内の便所は男女共用。便器が黄ばんで小汚いところまで、新宿か新橋界隈の居酒屋を思わせる。だから移住者や現地駐在員たちには人気があった。居心地が好いのだ。時折、桁違いの富裕層までふらりと姿を現すのだという。

店主はメーカーの元駐在員である。タイや中国、シンガポールを転々とした後、三十代半ばで一念発起して会社を辞め、店を開いた。

饒舌《じょうぜつ》な店主や常連客の自慢のひとつは、投資ファンドで名を馳せた元通産官僚の村上世彰《よしあき》までやってくることだ。二〇〇六年のニッポン放送株買い占め事件で有罪判決を受けた、かつての「村上ファンド」の主である。

彼は「スーパー・ペントハウス」と呼ばれる近所の最高級コンドミニアムの最上階に住んでいた。事件後も相場操縦《そうじゅう》の疑いを持たれる投資をしたり、アジア各地で巨額の不動産投資を続けたりして話題に事欠かない村上だが、この地に移住した若い日本人起業家たちには人気がある。

二〇〇六年に当地に進出し、マレーシアやインドネシア、カンボジア、ベトナム、ミャンマーなどでマンションを千件以上建てたというのだ。彼の衰えぬ投資欲に対する敬意と憧憬《しょうけい》が言わせるのだろう、親しみを込めて、「淋しいボス」と呼ばれている。

その夜、焼き鳥屋に居合わせた客や店主たちは、カウス氏のぼやきと女性とのやりとりから、おぼろげながらも資産家の苦労と節税術を知った。

カウス氏は大阪に妻を残し、跡取り息子を連れて当地に移住しているという。節税というよりも、税逃れのためである。

これは資産家全般に言えることだが、その資産も一生の生活をまかなうところを超えて使いきれないほど抱えると、多くの人たちがそれを目減りさせずに跡継ぎに残すことを考える。その点、シンガポールは絶好の地だった。

第一に、日本以上に治安がよく、時差も一時間しかないうえ、移住者の好む近代的な街並みを備えていた。日本人会や学校などの施設も完備され、二〇一〇年十月時点で日本人が二万四千五百人も住んでいた。

日本語が通じるムラがあるということだ。住むだけなら、英語もフランス語も国際感覚も必要ないのである。

第二に、天然資源がなく有力な企業も少ないため、政府が外国人富裕層や外国企業を積極的に受け入れる政策を採っている。

第三に、富裕層誘致のため相続税や贈与税などを廃止したオフショア（offshore）、つまり課税優遇地である。地方税やキャピタルゲイン（債券や株式の売買益）課税もなく、所得税率も最高で二十％と日本の半分以下だった。

第四に、外国人富裕層は事実上、永住権をカネで買うことができた。資産さえあれば快適な永住が約束されていたのである。

そして第五に——たぶんここが彼ら資産家にとって一番重要なのだが——日本の税法には抜け穴があって、そこを巧《うま》く突けば相続税を払わずに資産を継承できる。現地では、「相続後には晴れて日本に戻れる」と言われていた。

その大きな抜け穴が、通称「五年ルール」である。簡単に言えば、被相続人（親）

と相続人（子）がともに五年を超えて日本の非居住者であるときは、日本国内の財産にしか課税されないのだ。

逆に言えば、五年以上、日本の非居住者であれば子や孫に相続したり贈与したりしても海外の資産には日本の課税が及ばない。

問題は、「日本の非居住者」という定義である。日本の税法には「非居住者」の明文規定がなく、一般には「一年の半分以上を海外で暮らせば、日本に住んでいないこと（非居住）の証明になる」と解釈されている。つまり、百八十三日（一年の半分以上）を海外で暮らし、それを五年間も続けていれば、海外資産の相続税は払わなくても済むようになる――というのである。

（追記・ただし、日本の国税庁や財務省はこの税逃れ行為を苦々しく思っていた。表向きは、「実質的な居住地や活動拠点がどこにあるかで税逃れに当たるか否か判断しています」と言っていたが、この本が刊行された約半年後の二〇一七年度税制改正大綱に、五年ルールを十年に延長する節税封じ策を盛り込み、二〇一七年四月一日から施行している。財務省はウェブ上で、「十年ルール」への改定の理由を「被相続人等と相続人等の双方が五年を超えて国外に住所を有することとなれば、国外財産について相続税及び贈与税を逃れることは可能となっており、これを相続税及び贈与税の節税策として喧伝しているものも散見されていました」と記している。

カウス氏は「五年の我慢だ」とその日を待ち焦がれていたが、今後は「十年の我慢だ」と自分に言い聞かせなければならない。節税とはまさに辛抱の日々、国税庁との我慢比べなのである)

そうした面々を待ち受けているのは「退屈」という、元気者特有の病である。

シンガポールに逃れてきた資産家の多くは「新富裕層」、あるいは「ニューマネー」と呼ばれている。一代で財を成した不動産業者やパチンコ業者、IT長者はその典型だ。何代にもわたって資産を受け継ぎスイスなどで蓄財している、いわゆる「オールドマネー」に比べると、バイタリティにあふれ、目ざとく、軽捷《けいしょう》だ。そんな彼らにとって、課税逃れのためにただ時間をつぶすという行為は実に虚《むな》しいもののようだ。

件《くだん》のカウス氏は焼き鳥屋で酔って、絞り出すような声を上げている。

「わしは南国の監獄の中にいるようや。苦労している時の方が楽しかったわ」

カウス氏は当地の公用語である英語が苦手で、ローカルの世界には溶け込めない。暇すぎるので投資コンサルタントでもやってみようかとも思ったが、免許も必要だし、実務英語の壁のために前に進めずにいる。

そもそも事業など起こさなくてもカネがカネを生んでくれるのだ。妻はシンガポールに毎月のように来るが、一週間ほどで帰ってしまうらしい。暇な富裕層はいても、腹を割って付き合える日本人がいるわけもない。飲みに行っておねえちゃんを口説くのにも飽きた、という。

五年という、時効にも似た時が過ぎるのをひたすら待っているのだ。前述のように、やがてその〝時効〟は十年に延びるのだが、彼らがそれを知るわけもない。

一方、彼の接待にあたる咲子は日本の平凡な暮らしを捨てて来ているので、カウス氏のように暇を持て余している人種を見ていると気の毒でしかたない。カネはなくても、「やっぱり、あんたの人生おもろいね」と自分自身に向かって言えるような生き方がしたいのだ。

咲子には親も認めた結婚相手がいた。和菓子屋の三代目である。大事にしてもらえそうだったが、家庭におさまるのは物足りなくて、「一年で日本に戻ってくるから」

という約束で、単身シンガポールに働きに来た。求人サイトで見つけた投資顧問会社で働き、そこからＢＯＳに転じている。気付くと六年、結婚の約束はとうに時効を迎えていた。


焼き鳥屋の夜からしばらくして、彼女は友人とこんな会話を交わしている。

「あのカウスさんね、ほら、以前話したお金持ちの人なんやけど、朝起きた時が一番怖いんだって。することがないから……。寂しそうだったな」

「それ、鬱《うつ》の症状だよ。気をつけてあげないと。でも贅沢な悩みだね。私もそんなこと言ってみたいわ」

「寝ずに働いて財を成して、行きたかったところにたどり着いて、これ？　みたいな感じみたいよ。もがいていた時の方が楽しかったって。一代で成功するぐらいパワフルな人は力が有り余ってしまうのかもね」

「カウスさん、英語うまくなった？　英語がダメだと、ここではどこにも行けないからね」

「ダメですね。伸びてるというあれが感じられないもの。語学学校へ行ったり、教師とスカイプで話す日もあったりするみたいで、毎日されてるようだけど、自分でも『伸びへんなあ』と言っていた」

「それだと、生活のパターンが決まってくるよね。お金持ちでも、出かける先は語学学校か居酒屋、日本人キャバクラ。家から徒歩圏内で全部済んでしまうのよね」

「だから私たちがいるんやけど」

「何かの本だったか、ブログだったかな、『マネーの執事』って書いてあったよ。あなたみたいなプライベートバンクの人たちのこと」

それから二人の話題は、咲子の会社に近々転職してくるという新人の話になった。

「また、ジャパンデスクにバンカーが入ってくるらしいわ」

「日本から来るんでしょ。でも、BOSは一年ぐらいで辞める人が多いよね」

それからしばらく沈黙があった。

今度のプライベートバンカーは一体、どれくらいもつのだろうか。咲子はぼんやりと考えていた。

第一章　ニューマネーの国

1　おいそれ者

その男は、全日空の深夜便でチャンギ空港に着いた。日付は二〇一〇年五月二日から三日に変わろうとしている。

飛行機と空港ビルをつなぐ搭乗橋は南国の日射しが残した暑熱《しょねつ》に包まれていて、その短い橋を抜けると物音は消えた。夜の到着ロビーは森の中のように静かだった。沈んだ目の清掃員が厚い絨毯《じゅうたん》を踏んでゆっくりと動いている。

チャンギは眠らない国際空港だ。終夜、冷房が効いている。乗り込んだトラベレーターの手すりはひんやりと冷たかった。

かつては日本陸軍や英国空軍の飛行場だったが、いまは植物園やプールを備えた三つの広大なターミナルを抱え、その間をスカイトレインがつないでいる。

急ぎ足でイミグレーションカウンターの列に加わって、杉山智一《ともかず》と署名したパスポートを取り出した。所持人記入欄の住所は東京都江東区になっているが、そこはもう引き払っている。区役所に転出届を出し、退路を断って入国審査を待っているのだ。

――この瞬間、俺はどこにも拠《よ》りどころのない人間だな。

入国審査官に「Address?」と尋ねられたら、何と答えればいいのだろうか。いまは国と国との間に漂う、ひとかけらの浮雲だ。

とうとう来てしまった。紫紺色のあのカウンターを越えると、新しい人生が始まる。そこは富裕層の国だ。シンガポールの銀行で一緒に働かないか、と誘った新たなボスの言葉を思い出した。

「日本ではできない仕事が、あの国ならいくらでもできる。富裕層がひしめく国だからな。君も野村證券にいたから感覚でわかるだろう」

シンガポールは成功者ばかりだ、という話も聞かされている。

後になって、成功者しかいない理由は、この国が外国人の敗者やスラムの存在を許さないからだということに、はたと気付いた。

シンガポールの敗者は打ちのめされて帰国するか、マラッカ海峡に飛び込むかしかない。つまり、敗者は当地に居続けることができないから、この国には成功者が残るだけのことだ。だから、杉山が入り口だと思ってきた空港は、失敗者の出口でもあるのだ。

しかし、事前に敗者の末路を聞いていたとしても、日本で埋没するよりはましだ、と自分に言い聞かせたことだろう。二〇〇八年に全世界を覆ったリーマン・ショックの嵐は、二年が過ぎてようやく収まっていた。

そして、杉山は四十歳を超えていた。

独り者である。記念写真の後列に埋もれるような平凡な顔立ちだが、丸い目に愛《あい》嬌《きょう》があって、見るからに明るい感じを受ける。頬に少し肉が付いてきたことも野心を隠していた。

以前は、それなりに好きになってくれる女性がいて、結婚する間際までいったこともあったのだ。

――あれは飛行機に乗り遅れたのだったな。

十五年前のことを思い出すたびに苦いものがこみ上げてくる。

野村證券厚木支店時代のことだ。婚約指輪を贈り、両親同士が挨拶をして、一九九六年秋に横浜プリンスホテルで結婚式を挙げる予定だった。

ところが、杉山はその年の春に、鹿児島支店に転勤になっており、新しい任地で仕事に忙殺されていた。そこへ彼女から電話が掛かってくる。

「式場には何人ぐらい呼ぶの？」「引き出物はどう考えているの？」

さかんに急《せ》かされたが、杉山は出世レースに乗っていて取《と》り憑《つ》かれたように仕事に追われていた。いまさらレースから降りられるか、とも思っていた。心が乾いていて、神奈川に住む彼女を気遣う、わずかの余裕がなかった。

結婚式まで約三ヵ月という時期になって、思いつめた婚約者の声が受話器から響いた。

「結婚式場を二人で見なきゃいけないでしょ。だから、土曜日の昼に必ず帰ってきてね。絶対に帰ってきて」

当時、鹿児島空港の羽田行最終便は午後六時半だった。ところが、金曜日の仕事はそれまでには終わらなかった。婚約者に電話を入れる。

「ごめん、飛行機に乗れなかった。だから明日の朝に出るよ」

「きっとよ。式場の下見は午後一時からね」

そう言われたのに、翌日起きたのは昼前だった。仕事がきつくて、毎週金曜の夜になると泥のように眠りこけていた。その夜も疲れ果てて布団にもぐりこみ、アッと思って飛び起きたときには遅かった。彼女は激怒し、悲鳴のような声で泣き、不実をなじった。

やがて大喧嘩になり、

「本当に、結婚する気があるの？」

「あるよ。でも、今のままだと、しない方がいいんじゃないか」

「何を言っているのよ！」

激しい言い合いが続いた。そして婚約解消に発展する。相手の両親や仲人《なこうど》に立ってくれた支店長に謝罪し、式場のキャンセル料を二人で払い、印刷していた結婚披露宴の案内状を処分した。

その後、一度だけ彼女に電話したが、留守だ、と家人から告げられた。

どうして、あんなに傲慢《ごうまん》でいられたのだろうか。

時が過ぎるほどに恥ずかしさは増し、心に刺さった棘《とげ》の痛さに時々、叫びだしたくなった。一本気だった父親は憤激を抑えて、

「智《とも》、しばらく結婚は考えるな。女は断ち切って仕事だけやっとれ」

と言った。

再び仕事に没頭し、いつか一人で生きることにも慣れた。しかし、自分の心は石のように転がしたり、いつまでも蓆《むしろ》のように巻いたりしておくことはできない。それに地位も名もなく、金融街で一人生き抜くしかないのであれば、自分を守る武器のようなものが欲しいと彼は思っていた。たぶん、今が最後の機会だった。

その武器をつかむために、杉山は無茶な採用条件を呑みこんでいる。これから働くＢＯＳ（シンガポール銀行）のオファーレターには次のように記されていた。

1．一年以内に一億米ドルのＡＵＭ（Assets Under Management＝運用資産残高）を集めること。

2．レベニュー（revenue＝収益）は百万ドルをターゲット（目標）とすること。

これを簡単に書き直すと、

1．自分の力で一年以内に一億ドルのカネを集め、

2．百万ドルの収益を挙げろ

ということになる。

このころ為替レートは一ドル九十二円前後だったから、杉山が集めなければならない資金は一億ドル×九十二円で約九十二億円、目標収益は百万ドル、つまり約九千二百万円だったことになる。並みの銀行員なら気の遠くなるような金額だが、当地でボスとなる男ははっきりと言った。

「俺たちの世界では、入社一年目で百億円は積むくらいでないとやっていけないぞ。どんな経済下であってもな」

プライベートバンクは、富裕層の資産を管理・運用し、カストディアン・フィー（custodian fee＝信託報酬）を受け取るビジネスである。預金を広く集めて貸し付ける銀行や売買手数料で稼ぐ証券会社とはビジネスモデルが全く異なり、大金持ちの資産を守るために存在するので、「カネの傭兵《ようへい》」とも呼ばれている。

このビジネスの特徴の一つは高い信託報酬を求めることだ。百億円単位の大口顧客を同業者で取り合ったときには預入金の〇・八％、時には〇・五％以下で折り合うときもあるものの、ＢＯＳでは顧客によっては一％の信託報酬を要求していた。

「百億円は積むくらいでないとやっていけない」という、ボスの言葉は「百億円の資産を集めろ」という意味だが、それには次のような計算がある。

百億円を逃さずに抱えていれば、その一％近い報酬、つまり一億円が毎年、ＢＯＳに入ってくる。そのうえ金融取引のたびに手数料が入ってくるから、そのバンカーに高額の報酬やボーナスを支払っても十分にやっていけるのである。

一億ドルという大金を果たして集められるのか――という不安はもちろん杉山にもある。

だが、彼は野村證券で十二年以上揉まれ、徹底的に鍛え上げられてきた。たいていのことは耐えられる。その後、三井住友銀行で二年二ヵ月、さらに東京に支店を置くフランス系の信託銀行に転じて二年十ヵ月間働いてきた。それらを合わせると、日本の金融界の空気を十七年間も吸い、自分の顧客を増やしてきたのだ。

彼は小さいころから後先を考えずに駆け出すところがあって、野村の上司からは「鉄砲玉」と呼ばれていた。今回もシンガポールに向けてとにかく駆け出したということだ。アメリカやフランスを米、仏、と略すようにシンガポールは「星」と呼んで、その国へ渡ることを「渡星」と言うのだが、星の国に渡るという、その言葉の響きも夢に満ちていた。

杉山は岐阜県大垣市に生まれ、静岡大学人文学部経済学科を卒業している。その気質は一九九二年春、野村證券に勤めるようになってからもさほど変わらなかった。支店に鞄《かばん》を忘れたまま、

「行ってきまーす」

大きな声を残して飛び出したり、思いつめて頭が熱くなり、野村の上司に、

「会社を辞めます！」

と言ってしまって、引くに引けずに辞表を出したりしてきた。

野村のトップセールスマンとして就職雑誌に紹介されるほどの成績を残していたのである。「辞めます」と啖呵《たんか》は切ったものの、転職の当ても計算も全くなくて、実家に帰省し、「また、やっちゃったな」と思ったものだった。

父親に似た一本気、はっきり書けば、「おい」と声を掛けられ、「それ」とすぐに応じる〝おいそれ者〟である。

それから半年間も就職浪人して、転がり込んだ三井住友銀行を辞める時も、あっさりしたものだった。そこは日経新聞の求人広告で見つけたから未練はなかったのだが、ヘッドハンターに誘われて、フランス系の信託銀行でプライベートバンカーの道

に飛び込んでいる。

彼はそこで特殊なプイベートバンクビジネスの一端を知った。

プライベートバンクはもともと欧州の階級社会の中から生まれている。王侯貴族など超富裕層の資産を管理し、運用する個人営業の銀行（private bank）が原型で、資産家のために働くバンカーだったから、ある時は「カネの傭兵」と呼ばれ、あるところでは「マネーの執事」と言われた。

言葉さえ厳《いか》めしいのは、十字軍が聖地奪還に遠征した十一世紀にまでその歴史がさかのぼるからだ。そのころから貴族の資産保全を約束する財産管理人が活動し、戦乱のなかで永世中立を保ったスイスには、フランス革命からの逃避資産やロイヤルファミリーの資産が流れ込んだ。そこに何代も続く名門や地方の名家の財産も集まり、それらと世襲財産を総称して「オールドマネー」と呼んでいる。

日本でも、脱税マネーや秘密口座の行方を追うと、スイスに行きつくことが多かった。銀行秘密保護法を盾に預金者の情報を開示しない国だったからである。東京の高名な元判事がスイスのクレディ・スイス銀行やＵＢＳ銀行に二十五億九千万円の遺産を隠していたことが税務調査で発覚し、遺族が脱税で摘発されたこともある。

だが、日本から見ると、スイスはあまりに遠く、八時間の時差があって昼夜が逆転している。運用の指示を出すのが難しいうえに、課税逃れの温床として有名になりすぎた。米税務当局などから目の敵《かたき》にされ、IRS（米内国歳入庁）の圧力に屈して秘密の扉をこじ開けられ、個人情報を開示しつつある。

一方、シンガポールや香港は日本と一時間しか時差がなく、ほぼリアルタイムで取引ができる。

「資産の秘匿《ひとく》場所といえばスイスでしたが、ニューマネーの人々は日本に近いシンガポールや香港の利便性に気付いた。IT長者に代表される彼らは利に敏《さと》く、動きが速いのです。かつてのシンガポールはタックスヘイブン（租税回避地）の代名詞で、いかにも税逃れを助ける国のように言われたこともありますが、今ではオフショア（課税優遇地）と評価されています。新富裕層が殺到し、大量のカネが日本からシンガポールへと流れ出しています。力のない者や貧乏人はどこにも動けないのですがね」

と、シンガポール在住の日本人バンカーは言うのである。

彼らが使う「オフショア」とは実にあいまいで便利な言葉だ。本来、オフショアとは陸から海へと吹く陸風のことである。カネにからむ話をする時には「海へと吹く」というよりも、海へ、あるいは海の向こうへと逃れていく陸風と表現した方がわかりやすい。つまり、課税の重い国から税のない外国に吹く「カネの陸風」である。

そもそも、オフショアの説明として用いられる「課税優遇地」と、脱税の温床であるタックスヘイブンの「租税回避地」は、税の優遇という点では同じ意味だ。いずれも、所得税や法人税など税金が無税、あるいは税率が極めて低い国や地域を指している。

二つの言葉について明確な定義はない。日本の国税庁では同じ意味で使っている。二〇一五年の国税庁の文書には、〈オフショア金融センターを有する軽課税国・地域等（いわゆるタックスヘイブン）〉と記されていた。

ただ、金融界では規制行政と透明性の有無によって一応の区別をつけることが多くなった。説明として引用されているのが、ＯＥＣＤ（経済協力開発機構）が一九九八年に定めたタックスヘイブンの判定基準である。それは次のようなものだ。

1．まったく税を課さないか、名目的な税を課すのみである。
2．有効な情報交換制度がない。

3. 透明性がない。

4. そこに税法上の籍を置く企業や個人に実質活動を要求しない。

この基準では、パナマやカリブ海のケイマン諸島、英領バージン諸島などがタックスヘイブンということになるが、これはあくまでもOECD加盟各国とその影響下にある国々との駆け引きによって出来上がった妥協の産物でしかない。

シンガポールや香港も当初、OECDの基準を受け入れていなかったのだが、OECDの圧力を受けて二〇〇九年に法改正を行っている。

しかし、グレーゾーンにいたシンガポールがOECDのタックスヘイブン判定基準から外れたことは、当地の、特にジャパンデスクのプライベートバンカーたちには大きな意味を持っていた。

たとえ国税庁に「あそこはタックスヘイブンの地である」と言われても、「いや、ここはオフショアの国だ」と胸を張れるようになったからである。「安全」「クリーン」「固い秘密保持」を看板に、富裕層の資金を堂々と引き入れられるようになったのだった。

さらに、シンガポール政府が富裕層優遇策を次々と打ち出したことで、世界中の資産家が続々と流れ込んだ。ヘッジファンドの先駆者、ジム・ロジャーズのように、当地の「オフショア金融センター」の優位さを講演やテレビで説く富裕層も出た。「チャンスを探し求めた人だけが成功する。シンガポール政府の政策は間違っていない。結局、シンガポールは笑う国になります」と。

中には特異な人物も流れてきた。その一人が、北朝鮮の金正恩《キムジョンウン》朝鮮労働党委員長の異母兄・正男《ジョンナム》である。日本にも何度か入国し、成田国際空港で一時拘束されて大騒ぎになったあの人物だ。彼はその存在が知られるまでかなり長い間、シンガポールを拠点にし、二〇一七年にクアラルンプール国際空港で暗殺された。

杉山がシンガポールにやってきた翌年の二〇一一年には、フェイスブックの共同創業者であるエドゥアルド・サベリンも米市民権を放棄して移住し、世界中で物議をかもした。彼はキャピタルゲイン（債券や株式の売買益）課税のないシンガポールに移り住むことで、フェイスブック株の売却で得た巨額の所得の課税を免れたと批判を浴びた。

こうしてシンガポールは、欧米やスイス、中国、インド、そして他のオフショアの資金まで吸収し、二〇〇〇年に五百億シンガポールドルだったプライベートバンクの運用資産額は二〇一一年には五千五百億シンガポールドル（約三十五兆円）に達していた。富裕層の投資動向を調査分析する「ウェルスインサイト社」は、シンガポールが二〇二〇年までにはスイスを抜いて、世界最大のオフショア金融センターになると予測している。

こうしたカネの流れの中に杉山はいたのだった。言い換えれば、彼もカネの陸風に乗ってチャンギ空港に降り立った。

日本の金融業界は銀行、証券、信託、保険という分業で成り立ち、しかも国自体が郵便貯金や銀行預金など有力な資金の受け皿を保護し、強く後押ししてきた。そのため、国民は海外で発展を続けたプライベートバンクにはなじみがないのだが、日本からの陸風を察知したＢＯＳは日本人富裕層を対象にした「ジャパンデスク」をいち早く構え、次々に日本人スタッフを揃えようとしていた。

ニューマネーの国の自動ドアが、杉山に向かって開いた。むわっとした湿気の塊が押し寄せてきた。空港を出た瞬間に体中が温かなプールの水に包まれたようだ。

喜色満面のタクシー運転手が待っていた。タクシーは午前零時を過ぎると割増料金になるので、待遇も変わってくるのだ。

「フェアモントホテルへ。シティホールにある」

単語を並べて行先を告げると、浅黒い運転手が、

「From where?（どこから来たのか）」

とバックミラーを覗き込んだ。

粗野な英語だ。教科書なら「Where do you come from?」というところを、二語で済ませる。「Singlish（シングリッシュ）」と呼ばれるシンガポール英語だ。単語をつなげるだけで会話を成立させるから、東南アジア特有のなまりを無視すれば、杉山にもわかりやすかった。

英語がまったくダメだったり、国際感覚のなかったりする古手の社員を、野村證券の社員たちは「ドメドメ」と呼んでいた。ドメスティック（domestic＝国産品）の二乗だから、「ドメドメ」。彼はそこまで絶望的ではないが、ドメドメの古い世代を嘲笑するほどの海外経験も語学能力も持ち合わせていなかった。これから毎日、主語のないこのシングリッシュと付き合うのである。

「日本だよ。仕事だ」

最初の一週間は巨大なフェアモントホテルに泊まった。サマセット・モームや喜劇王チャップリンも滞在したラッフルズホテルほどの格式ではないが、その向かいに聳《そび》える二十六階建てのモダンな一流ホテルだ。低層のラッフルズホテルを見下ろしている。隣の姉妹ホテル「スイソテル・ザ・スタンフォード」とつながっていて、地下には巨大なショッピングセンターやフードコートが広がっている。

フェアモントホテルで一週間も過ごしたその後は、ドービーゴート駅そばの高級サービスアパートメントが一ヵ月間、杉山のために用意されていた。

住居が見つかるまでの仮の宿だが、その高級アパートは大統領官邸と「建国の父」リー・クアンユーの私邸に挟まれていて、東南アジアで最も安全と言われる場所にある。シンガポールへの渡航費用や日本からの引っ越し代もすべてBOS持ちだ。

杉山の契約報酬は、基本給がシンガポールドルで十八万ドル（当初契約時レートで約千三百五十万円）。これにボーナスが付く。その前に勤めていた外資系信託銀行の基本給は千二百万円だったから、百五十万円の昇給だ。加えて、前の銀行でもらい損ねたボーナス分として、別に三百万円をつけてくれた。

――なぜ、英語の不得意な僕にこんな待遇を？

彼は高校時代に実用英語技能検定二級に合格した程度で、履歴書に書ける資格といっても、二級ファイナンシャル・プランニング技能士や内部管理責任者ぐらいのものだった。厚遇について疑問を抱かないわけではなかったが、ボスはこう言った。

「大丈夫だ。英語が堪能な日本人アシスタントを付けるから。しゃべれなくても、書類を読めなくても、スタッフがうまくやってくれるよ」

実は、ボスや銀行にとって英語が不得手なバンカーの方が都合は良かったのである。その事情は後になってわかってくる。

いずれにせよ、ノルマが達成できなければ遠からずクビなのだ。

プライベートバンカーの仕事は三つしかない。一つ目は、ビリオネアの口座を銀行に開設させること。二つ目はその口座に彼らのカネを入金させること。そして三つ目がそのカネを運用して守ることである。シンプルな世界だ。

韓国製のタクシーは暗い高速道路を恐ろしいスピードで突進し続けていた。真っ青な車体の上に「モヒカン」と呼ばれる細長い看板を載せ、それが一本の矢のように風を切っていく。

「シンガポールは初めて？（First time in Singapore?）」

目をつぶろうとすると、運転手が声をかけてくる。彼はハンドルに手を添えているだけだから退屈なのである。

「初めてさ。シンガポールで働くんだ」

「どこの会社だ？」

「銀行だよ。バンク・オブ・シンガポールを知っているかい」

「知っているよ。おめでとう」

関心のなさそうなつぶやきだ。

海風が、海岸沿いの椰子《やし》の並木とピンクのブーゲンビリアを激しく揺さぶっている。杉山はタクシーの窓に映る自分を励ましていた。

——もう引き返せないぞ。

運転手が脈絡もなく告げた。

「非常時には、この道が軍の滑走路になるんだ」

「え？」

「ここから戦闘機が飛び立つんだよ。ビューンとね」

この小国にも、National Service（ＮＳ）と呼ばれる徴兵制度がある。「国家への奉仕」という意味だ。十八歳になる国民と永住権を保有する男性は原則として、兵役に二年間を投じなければならない。兵役経験者である父親たちはこう言うのだ。

「これは、BoyがManになるために必要な試練だ」

戦争は意外に身近なところにあり、国民もまた戦争の傷を忘れていない。イギリス統治下の時代には日本軍に占領され、華僑虐殺事件と激しい反日運動が起きた。その傷跡について国民に語りかけたリー・クアンユーの言葉は、日本人学校でいまも教えられている。

「(日本を）許そう。でも忘れない」

そうした思いを微塵《みじん》も見せず、運転手はこの国がいかに効率的なのかを強調した。アニメのように戦闘機が飛び立つハイウェイだというのだ。しかし、実際にこの高速道路から離陸した戦闘機があるのだろうか。

「見ろ！」

彼が指差した上り坂の向こうを見上げると、無数の灯《あか》りを中空に点《とも》した巨大な船がビルの上に浮かんでいた。

「一ヵ月前にオープンしたホテルだ。光る宇宙船みたいだろう」

杉山は茫然《ぼうぜん》とビルを見上げた。高さ二百mの三つのホテルの上に全面ガラス張りの長大な船が横たわり、空中庭園と巨大プールが載っている。光る船は真っ暗の空に赤く輝き、巨大な生き物のようにも見える。

「マリーナ・ベイ・サンズって言うんだ。カジノがあるんだよ。カネであふれているのに、俺たち国民は高い入場料を払わないと入れないんだ」

それは天国に近いカジノビルだった。闇の奥へと駆け上がろうとする異様なビルの姿に、杉山は昇竜のような金融国家の勢いを強烈に感じていた。

良くも悪くもこの国は発熱している。その熱に煽られて思わず拳を強く握りしめていた。

2　父との相克

荷解《にほど》きをしながら、杉山はふいに思い出した。

きょう五月三日という日は、弟の慶高《よしたか》の誕生日なのだった。成田空港を発ったのが二日夕方だったから、空を飛んでいる間に弟は一つ年をとって三十八歳になっている。弟は証券界に入った智一の後を追うように、勧角証券（現・みずほ証券）に入社した。その後、地元で人の役に立ちたいとペースメーカーの営業マンに転職し、いまは実家から車で十分ほどのところに住んでいる。

智一は三人兄妹の長兄で、慶高の二つ下に妹がいる。家族と郷里のことを思うと、いつも陽のぬくもりの中にいるような、あたたかい気持ちに包まれる。智一が一人身ということもあったのだろう、帰る場所がそこにあるような気がしていた。

それからもう一つ思い出して、スーツケースに入れてきたモノクロ写真をテーブルの上に取り出した。セピア色に焼けたそれは小学生のころ、家族で市民プールに行って、父の喬《たかし》と一緒におさまった一枚だった。

喬は理不尽なほど行儀にうるさかった。智一が味噌汁をひっくり返すと平手で頬を叩《はた》き、睨《にら》み返《かえ》すと、もう一度激しいビンタを張った。

運動会の徒競走で二位になったと聞くと、突き放すように言った。

「二位なんてドベ（ビリ）と一緒やろ。やるんやったら一位とらな、あかんやろ！」

癇癪《かんしゃく》持ちのうえに、少し見栄っ張りである。不景気でボーナスが少ないので、妻

の克子《かつこ》が、

「おかずをちょっと質素にすればいいがね」

と言ったとたん、手鏡がバーンと飛んできた。そのころは盆や正月のたびに、杉山家で一族の従兄弟《いとこ》会が開かれていた。喬は五人兄弟の長男だったから、多いときには克子が二十人分もの料理を作らねばならなかった。それを克子がちょっと愚痴ったら、今度は椅子が飛んできた。

ワンマンで厳格なその父が写真の中では珍しく笑っていた。「タンク」と綽名されたがっちりした背中に、水泳パンツの智一が飛び乗って、はにかむような笑顔を浮かべている。たぶん、喬の視線の先には妹が遊んでいたのであろう。

あの幸せな瞬間は確かにあった。その記憶と父からもらったビンタの痛み、踏ん張る気持ちは忘れたくないと思っていた。

そのころ、夏休みは毎夕、喬とプールにいた。陽が西の空に傾きかけるころになると、友達と遊んでいるところを克子が探し当て、兄弟の手を取って市民プールに連れていった。鍛錬の時間の始まりだった。そこへ定時の午後五時に仕事を終えた喬がやってきて一㎞泳ぐ。そのそばで兄弟は五十mプールを往復した。へとへとになるまで泳ぐのは野球の鍛錬のためだ、と喬は教えた。

「筋肉に偏《かたよ》りがあったら、ええ選手になれへんぞ」

と言うのだった。

喬は岐阜県大垣市の特定郵便局長の長男として生まれ、県立大垣北高校の野球部主将を務めている。三年生の夏に甲子園大会出場までもう少しというところまで行き、卒業した後、母校の野球部監督を引き受けた。地元の日本合成化学大垣工場に勤めながらの監督だったから、長くは続けられなかったらしい。やがて情熱を息子たちに注ぐようになった。

小学生のある日、智一は大人用の木製バットを渡される。そこに鉄輪をはめて左で毎日二百回、素振りをしろと言われた。右利きなのにこれからは左打ちに変えろ、というのだ。

「右打席で立つよりも、左打席の方が一塁まで(の距離)が一歩半、早いんや。その一歩半の分だけヒットが増えるんや」

土、日は野球少年団で試合をし、平日も近くの線路沿いの道で弟と並んで喬のボールを受け、ノックを浴びた。自宅は国鉄大垣駅に近かった。夕餉《ゆうげ》の匂いの中で、勤め帰りのサラリーマンや学生を乗せた電車がゴトンゴトンと通り過ぎていく。それに気を取られたり、少年漫画を真似てふざけて投げたりすると罵声が飛んでくる。

「てめえ、何やっとるんや！」

細い目に刺すような怒りがこもっている。遊びで野球をやるのは許されないのだ。テレビはプロ野球中継が多かった。巨人のエースだった江川卓の投球をぼんやり見ていると、父親が聞いてきた。

「江川がな、次に投げる球を当ててみい」

「ゴロは体の正面で入って取るんや。ワンハンドキャッチなんて、正面に入れてないからそうなる。カッコつけてワンハンドキャッチするな。あれは下手のやることや」

野球中継も修行の場なのだった。そんな時に、克子たちがテレビの前を横切ると、癇癪玉を破裂させた。

「てめえ、一番いい時に、球が見えへんやろ。ばかやろう！」

だから、ナイター中継の時には狭い座敷のはじをそろそろと回って歩くのだった。

「あいつは一年生のころから凄かったわ」

高校野球をテレビで見ている時やキャッチボールの帰りに、喬はよくその話をした。その時ばかりは不思議なほど優しい口調に変わるので、息子たちは同じ話にじっと耳を傾けて、しまいに光景が思い浮かぶようになった。

それは、一九五七（昭和三十二）年八月四日、三重県津市営球場で開かれた全国高校野球選手権三岐《さんぎ》大会準決勝のことだった。三岐大会は三重県と岐阜県のベスト4同士が一枚の甲子園行きの切符を争うもので、勝ち上がった大垣北高校は優勝候補の県立岐阜商業高校を相手に二対一とリードしていた。主将の喬は勝てると思っていた。

「ところが、五回裏に入って、うちのピッチャーが連続四球を出して無死一、二塁になってな。そこへ岐阜商の一年生がバッターボックスに入ってきた」

打席に立ったのは、高木守道《もりみち》という名の小柄な内野手である。大垣北のベンチは、まだあどけなさを残すこの選手が非凡な才能に恵まれていることを知らなかった。

マウンドを任されたエースの吉安英男《よしやす》は、たかだか一年生やないか、と考えている。身長百六十㎝ほどの少年に高木は見えた。

――バントをしてくる。

ベンチも吉安も、レフトの喬もそう思っていた。

「相手は負けている。バントでランナーを送って一死二、三塁にしてくるんや。それ以外はない」

吉安はそう確信して一球目を投じた。ボール。監督の和田武彦を見ると、真ん中に投げてバントをさせろ、とサインを送っている。

和田はその六年前に、大垣北高校を初めて甲子園へと導いたエースで、一年間だけだが、プロの名古屋(現・中日)ドラゴンズに在籍したこともある。帰郷後、母校の監督として信頼を集めていた。

そのサイン通りに吉安は投げた。「さあ、バントしてくれ」と置きにいった、真ん中の球だった。全く無警戒だったのだ。すると、バッターボックスの高木が突然、バットを鋭く振り抜いた。

カーンという乾いた音を聞いて吉安が振り返ると、球は右中間を越えていた。真っ青の空の下でボールが白い点になっている。二対三の逆転。そして、少年は俊足を飛ばして三塁に滑り込んでいた。それから後の記憶を吉安は失っている。

タイムがかかった。監督の伝令が飛び、色を失った彼のそばに喬は走り寄った。

「持ち直していくぞ!」

ハッパを掛けたが、吉安はもう抜け殻のようになっていた。直後にスクイズを決められて四点目を奪われ、吉安はマウンドを降りた。二年生の控えが走ってきた。

試合後、敗れた大垣北の選手たちはタクシーに分乗して津市内の宿舎に帰った。選手たちは気が抜けて、涙と泥まみれの顔をタオルの中にうずめている。

そのなかで、喬は思いつめたような表情でじっと前を向いていた。キャプテンが泣くことは許されない、そう思っているかのようだった。

打たれた後、吉安がわずかに覚えている光景のひとつだ。

吉安はプロや東京六大学、ノンプロの誘いを次々と受けたが、すべて断って日本大学工学部に進んだ。日大の同級生にはその後、中日に入団した竹中惇《あつし》や、「八時半の男」と呼ばれた巨人のリリーフ・宮田征典《ゆきのり》がいた。特に竹中はマネージャーを通じて何度も野球部に誘ったが、吉安は拒み続けた。

「野球は二度としない」と誓っていた。

大垣北に競り勝った岐阜商は決勝戦で多治見工にサヨナラ勝ちし、甲子園球場の全国大会でもベスト8入りを果たしている。殊勲打を放った高木は卒業すると中日ドラゴンズに入団、俊足好打の「ミスタードラゴンズ」として全国に知られるようになる。そして中日の監督にも就いた。

一方の香は地元で働き続け、智一ら三人の子供をいずれも大学まで進学させた。口が重い方だったから、自分の夢について話すことはなかったが、彼があの試合の雪辱を望んでいることは智一にはよくわかっていた。高木のように鮮やかな一打を放つことがなくても、息子たちとともに甲子園の空を晴れ晴れと仰ぎ見たかったのだ。

その点、弟の慶高は父の思い通りに育ち、中学の野球部では主将に選ばれている。百七十cmの智一より六cmも大きく、「西濃《せいのう》一のショートストップ」と言われた。西濃は濃尾《のうび》平野が広がる岐阜県南西部のことで、野球どころである。そこで一番のショートだったが、激しい練習がたたって距骨《きょこつ》を損傷し、手術の末に野球を断念してしまった。

智一も長兄らしく期待に応えようとした日々はあったのだ。だが、ちょっとしたことでつまずき、野球を辞めてしまった。きっかけは、左で素振りの練習をしているところを、野球少年団の監督に見つかってしまったことだった。智一は秘密の特訓を仲間に茶化されるのが嫌で内緒にしていた。ところが、野球少年団に行った時に、みんなの前で監督に明かされてしまった。

「杉山は、おやっさんと夜中に素振りしとる。しかも左打ちでやぞ」

「えー」という小さな歓声と笑いが起きた。

「すっちゃん、スイッチヒッターや！」

すっちゃんは杉山の子供の頃の綽名である。監督はこう続けた。

「杉山、今日から左で打て」

今でもそのシーンを覚えている。左打ちの初打席は対戦チームまで注目する中で、ボテボテのピッチャーゴロだった。

期待はたちまち落胆に変わって、

「なんや」

「ピーゴロやんか」

という嘲笑《ちょうしょう》が漏れた。智一は一塁ベースを駆け抜けた後も顔を上げられなかった。それからすっかり野球をやりたくなくなった。喬は岐阜の野球界では知られた存在で、野球少年団の監督やコーチも喬が鍛えた選手である。少年団に入ると、

「おお、杉山さんの息子かあ」

と言われたものだ。それもあったのか、最初から三塁手や二塁手として起用され、

どこか居心地の悪さを感じていた。そして今、喬のスパルタ教育のためにこんな恥をかくのだ。

――野球をしている限り、父の手の平から抜け出すことはできない。

そう思って、中学に入ると、あえてサッカー部に入部した。喬がサッカーを嫌っていたのを知っていた。

「サッカーはチャラチャラしとってあかん」

とよく言っていたのだった。それが智一にできる唯一の抵抗だった。

喬との間には目に見えぬ溝ができた。喬はサッカーについては何も言わず、慶高に野球道具を次々に買い与えた。サッカー道具は一切買ってもらえず、母の克子がユニホーム代やボール代をこっそり渡してくれた。母にとっても喬は絶対的な存在だったのである。

そして、一番大事なところで親子は決定的な言い合いをした。野村證券に入社したいんや、と告げた時だった。テレビを見ていた喬が目をむいた。

「株屋なんか、あかん！　やめとけ」

吐き捨てるような口調だった。大学のある静岡から帰省して打ち明けたのに、話にならなかった。オヤジの時代とは違う、と智一は言葉をつないだ。

「実力で這い上がれる会社なんや。金融市場というところはな、ますます大きくなる」

「何を言っとる」

そう言い出した時には殴りかからんばかりの勢いだった。

「野村は評判悪いわ。金融の友達に聞いてもそうなんや。学校の先生か、県庁の公務員になれ！」

克子がおろおろしているのが目の端に入った。しかし、智一はもう決めている。拳を握りしめて言った。

「関係ないやろ、俺の人生やんか！」

「そんなんやったら、お前の勝手にしろや。好きにせい」

まあまあ、と克子が間に入った。親子が激情をぶつけるような機会はそれっきりだった。気まずい夕食になった。

しばらくして、喬に膀胱癌《ぼうこうがん》が見つかった。尿に血が混じっているのを隠して働いていたのだ。旧友の吉安たちに「血尿が出るんだ」と漏らし、病院に行くよう説得されたときにはもう遅かった。野村入社から四年後、電話が掛かってくる。

「智《とも》……俺はもうあかんわ」

初めて聞く弱音だった。駆け付けると、病院のベッドで天井を見るでもなく声を漏らした。

「お前をエンジニアに育てれば良かったなあ。何でもええ、純粋な世界で働くように教育すべきやった」

もう認めてくれてもいいのに、と智一は心の中で思っていた。

亡くなったのは七夕の朝だ。まだ五十九歳だった。今際《いまわ》の際《きわ》の弱々しい筆で、

「ともかずへ」という遺書が残されていた。

〈ははとよしたかといもうとをたのむ〉

なんとか読めた。

「人の人生（の価値）は、葬式に来た人数で決まる」

と喬は話していた。

そうなのだろうか。死んでしまった人間のところにどれだけ参列するかなんて、その数に意味があるのか……。智一は疑問に思っていたが、喬の葬式を見て言葉の意味

がわかったような気がした。

何の肩書もない喬のもとに約五百人が駆けつけた。葬儀場があふれた。

「どれだけ人から慕われるか、それが人生で一番必要なことだぞ」

と父は言いたかったのだろう。智一の仕事は、人と深く結びつくことよりもカネとつながることが評価される世界だ。しかし、人生の価値はカネの多寡《たか》では測れない。人と深く結びつき、人を支え、あるいは支えられて生きていくことに意味がある。きっと父はそう考えていたのだろう。

火葬場の向こうは雲一つない。明るい、青ひと色の空を仰ぎ見た。涙がこぼれ落ちてきた。

――なんで死ぬんだ、早すぎるだろ。俺はまだ何もやり遂げていないよ。

父はいつも、智一の対立軸として存在した。喬を見返したくて懸命に勉強し、仕事をしてきたのだ。意地も望みも焼き場の煙とともに消えてしまった。

喬が白い骨になって出てくると、彼はしゃがみ込んで、子供のように大泣きした。

これからはあんたが当主やから、喪主を務めなさい、と克子に言われていたのだが、気がつくと伯母に抱きかかえられていた。智一がその時に感じた喪失感は影のようにいつまでも付きまとった。

父親の死後、智一と慶高はほとんど話すことがなくなり、お互いの仕事に没頭した。どう生きていくべきなのか、相談者を亡くした以上、自ら道を切り開くしかない、と兄弟は悟ったのだった。

あの葬儀から十二年が過ぎている。

「モノを造る世界が大事なんや」。病院で言われた日の口惜しさがにじむように胸に浮かんできた。

智一が「シンガポールに移住して働く」と打ち明けたら、父は何と言っただろう。プライベートバンカーなど株屋以下の虚業ということになるのだろうか。しかし今は、喬の言葉よりも、簡易保険の集金でその後の生活を支えた克子の口癖の方に心が向いている。

「そんなん言ったってなあ、お兄ちゃん。人生はケセラセラやもんな」

そうや、なるようになるのだ。何もしないで後悔するよりも、チャレンジして敗者となるほうがましだ。

3　新しいボス

ベッド脇の深紅のデンファレが花姿を伸ばしている。その脇に置いた携帯電話が鳴った。ホテルでひと眠りし、ブランチから部屋に戻った時だった。

「杉山君か、一緒にランチを食おう。フェアモントホテルだよな。いま午前十時だから二時間後にはロビーに行く」

当地のボスとなる桜井剛（仮名）からだった。きょうは日本の憲法記念日で、杉山の初出勤日は明日のはずだが、この多民族国家ではただの月曜日なのだ。

ゆっくり休んでいる場合じゃないぞ、とボスは警告しているのだ。ブランチで膨《ふく》れた腹にランチを押し込まなければならなくなった。シンガポールに着いて初めての後悔だった。

桜井と初めて会ったのは二年前の二〇〇八年九月のことである。

欧米系ヘッドハンターの仲介を受け、桜井が日本の定宿にするホテルオークラのオーキッドルームで会った。ヘッドハンターは成約にこぎつけると、ヘッドハントした社員の年俸の三十%を手にする。だからどんな会社であろうと売り込み、とにかく話に引き込もうとする。

だが、桜井はヘッドハンターの紹介を必要としない貫禄と自信を備えたバンカーだった。シンガポール日本人会でも名を知られた実力者で、当地のプライベートバンカーの先駆者を自負していた。

当時、BOSは「ING」というオランダの銀行の子会社で、その後、シンガポール資本の銀行に買収されるのだが、そこにジャパンデスクを設けて切り回しているのは桜井だった。美男である。「暴れん坊将軍」で時代劇スターにのし上がった松平健に似た容貌《ようぼう》と百八十cmを超える体軀《たいく》に恵まれていた。切れ長の大きく、冷たい目に日本人離れした高い鼻、太い眉はくっきりとして眉尻のあたりがピンと立ち、への字眉でドングリ眼《まなこ》の杉山とはひどい違いだった。

ただ、杉山と桜井には共通点が二つあった。

一つは、地方の国立大学の出身ということである。桜井は青森生まれで金沢大学法学部、十五歳年下の杉山は前述のように静岡大学人文学部経済学科を卒業していた。そして、時期こそ違うが、二人とも野村證券を途中で辞めている。

「君も野村にいたからわかるだろうが……」

桜井がしばしば用いるその前置きは、「野村マンにあらずんば証券マンにあらず」と教えられた野村證券出身者――特に野村離脱者にとっては、ぐっと親近感を感じる言葉だった。

「これからは富裕層がターゲットとなることはわかるね。我々はシンガポールで、野村では実現できない顧客本位のサービスができる」

彼はネクタイをきゅっと締め、スーツのボタンも留めていた。エネルギーに満ち、素晴らしく紳士的な人物に映った。

杉山は野村證券を辞めて六年。一方の桜井は約二十年間もシンガポールで過ごしている。だが、二人は野村での記憶があまりに強烈だったためか、会社を離れた後も野村を基準とした考え方を捨てきれないのだった。それを「野村コンプレックス」と杉山は呼んでいる。

「君も野村にいたんだから」

と桜井は繰り返した。

「あんなやり方では客のためにはならない。だが日本ではＢＯＳのようなサービスが不可能なこともわかるね。日本の金融庁の指導が厳しいからな。私は（現地法人の）ノムラ・シンガポールにいてね、シンガポールは金融の中心地として躍進するだろうと確信したんだ。だから野村を辞めてシンガポールに賭けた」

確かにシンガポールでしかできないことがあった。ここは持てる者がますます富む金持ち天国である。

外国人富裕層の受け入れを国策とするシンガポールの金融管理局は、「smart regulation（合理的規制）」を掲げ、ヘッジファンドとファンドマネジメント会社（資産運用会社）を優遇している。日本では購入できない利回りの良い金融商品と節税策を取り揃えていた。

一方の日本にも多くの外資系銀行や保険会社が支店を構えているが、日本の金融庁が都銀や日本の保険会社を保護するために、外資の金融商品に対して多くの規制をかけている。

杉山は、クレディ・スイス証券の幹部から、

「シンガポールには切れ味の鋭い刀がある」

と聞かされたことがあった。スパッと切れる刀。日本にいるとルールに縛られて、

バンカーの武器もせいぜいクワかカマぐらいしか持てない、というのだ。
シンガポールの刀とは、例えば債券運用である。ＢＯＳではこんな説明をしていた。

——日本で一億円持っているとしますね。それで株を買っても一億円は一億円、債券を買っても一億円。ご承知のように、日本の金融機関で唯一できるのが、株の信用取引です。一億円の原資で三倍まで買えますから上手くすると三億円まで取引できる。これは株だけの話です。

ところが、シンガポールやスイスでは、この信用取引が債券購入でもできる。シンガポールではおおむね債券は五％の利回りがあるので、一億円の原資があれば三億円まで信用取引ができ、五％×三で十五％も回ることになる。

その場合、二億円借りているわけですから、その金利が一・五％かかる。ここで計算ですが、十五％－一・五％は十三・五％。つまり、一億円を海外のプライベートバンクに預ければ手数料などの経費を引いても、十％の利回りがある。

ということは、少なくとも十年後に一億円が二億円になっているということですね……。

「生命保険も日本では考えられない商品がある。だから、お客さまは増えているよ。これからもっと増えるだろう」

桜井は続けた。

「二〇〇〇年から、私がBOSジャパンデスクの責任者になって富裕層のお世話をしているが、転職して良かったと思っているよ」

「転職」とそれに続く言葉は杉山の気持ちをひどく動かした。彼は野村證券で弱肉強食の金融道を仕込まれている。手数料を稼ぐために、顧客が損をすることを承知で取引を勧めたことが何度もある。やり通すのが真の営業マンだと教えられていた。

しかし、プライベートバンカーは前述したように、顧客の資産残高を増やせば、預かり資産の一％近いカストディアン・フィーを受け取ることもできる。顧客のストックから報酬を得るビジネスモデルだから、顧客の儲かりそうなものを勧めていけばバンカー側も潤《うるお》うことになる。シンガポールで何ができるのかはっきりとはわからなかったが、少なくとも顧客を殺したり、痛めたりすることはないのではないか——。

桜井はヘッドハンターから聞いた話を確認しようとした。

「君がこれまで管理していた顧客資産は百億円近くありそうだね」

「はい」

「君についてきてくれそうかな」

「自信はあります。すべてというわけではありませんが」

「そうか。ぜひ、君もシンガポールの仲間に加わってくれないかな」

桜井が相好《そうごう》を崩していた。合格だ。杉山は嬉しくなって面談が終わると、付き合っていた女性にメールを打った。

〈今朝、凄い人と会った！　僕と同じ野村の出身だ〉


ただ、シンガポール行きは、それから二年後になってしまった。

桜井との面談の直後に、米国第四位の投資銀行「リーマン・ブラザーズ」の経営破《は》綻《たん》が表面化したのだった。米国発の金融危機が一気に日本やアジアにも押し寄せた。株価は暴落して急速なドル安が進み、企業倒産や大企業のリストラが相次いだ。大幅な景気後退が始まり、金融界もこの先どうなるのか、まったく見通せなかったのだ。

その嵐が去るまで待たせることになったから、シンガポールで再会した桜井は、逆らうことのできない絶対的な存在となっている。

「何が食べたい？」

もう腹一杯で食べられないと言いたかったのだ。だが、雰囲気に呑まれてしまった。

「僕は何でもいいです」

桜井が選んだ店は地下のレストラン街にある「鼎泰豊《ディンタイフォン》」で、よりにもよって彼は熱いものばかりを注文した。

ここでは桜井もワイシャツだけの格好だった。それが常夏の国のビジネススタイルであることは後で知った。杉山はスーツにネクタイを締めている。彼はこれも礼儀だと思って、スーツを着たまま小籠包やラーメンを食べた。

「俺はもういいから、あとは君が食べろよ」

おまけに桜井がそう言い出し、大皿の料理を無理矢理に詰め込む羽目になった。満腹なのがばれないように笑顔を浮かべて食べた。ひどく暑くなって、ハンカチで汗を拭っても拭っても汗が出てくる。もともと汗かきなのだ。せめて、「スーツぐらい脱げよ」と声を掛けてもらいたかったが、そんなことを言うボスではなかった。

食事の後、ホテルのラウンジに入った。アイスコーヒーを注文すると、桜井が皮肉を込めて言った。

「君は本物の日本人だな。早くシンガポールのバンカーになってくれよ」

コールドコーヒーは日本人の発明ではないが、当地では日本からの〝おのぼりさん〟が好んで頼むものなのだという。

「ジャパンデスクには梅田専太郎《せんたろう》という男がいてね。若いが、いまや俺の右腕だよ。将来、BOSをしょって立つ人間だ。色々と聞いて、梅田君に早く追いつくんだな」

ボスはベタ褒めした。きっと梅田は大変なやり手か、何かを持つ人間なのだろう。

杉山の胸に熱いものがこみあげた。

――それが何だ。俺だって野村のトップセールスマンだったのだ。

第二章　ジャパンデスク

1 サムライの洗礼

シンガポール金融街の中心地に、ＢＯＳはオフィスを構えていた。

そこは建築家の黒川紀章《きしょう》が設計した高さ二百八十ｍの摩天楼《まてんろう》で、シンガポール共和国（Republic of Singapore）の名前の一部を取って、「Republic Plaza」と名付けられ、新興の金融国家を象徴するビルとして知られていた。

「マラッカ海峡から吹き付ける海風を軽減するため」というのが独特の形状の理由らしい。まるで水晶のように、ビルの角という角が稜《りょう》をカットした多面体の造りになっていて、ガラス張りのビルの壁が陽の光を受け、地面から突き出した巨大な水晶柱のように輝いている。

杉山が高速エレベーターで上がった八階は、異様なほど静かだった。

チャイナデスクやインドデスク、台湾デスク、ヨーロピアンデスクがフロアの外周をぐるりと囲むようにオフィスを構え、その一角にジャパンデスクがあった。ちなみにアメリカデスクはなかった。ＩＲＳ（米内国歳入庁）の監視が厳しく、米国人口座は扱わないとされていた。それぞれの席がパーティションで区切られており、誰もがひっそりと会話していた。

もう少し高いところからは、眼下に観光名所の白いマーライオンが見える。朝から観光客が取り巻いていた。

八階の主は、奥まった部屋のレナート・グスマンである。小柄なCEOで、脂ぎった精気や威圧的なところがなく、浅黒い顔にいつも穏やかな微笑をたたえていた。気さくな親しみやすいおじさんという印象で、イギリスの喜劇俳優に似ているというので、「Mr. ビーン」と綽名を付けたアシスタントもいる。

その日も俳優並みの温顔で、杉山が桜井に連れられて挨拶に行くと、

「サムライが一人増えたな」

と握手を求めてきた。

「シンガポールはどうだい」

「とても暑くて湿気が多いです。けれども、すごくいい所です」

杉山が緊張しながら答えると、グスマンは笑顔でウンウンとうなずいた。

当地のプライベートバンクのトップはたいてい欧州系か華僑系なのだが、彼は例外

的にフィリピン系である。

ＢＯＳはリーマン・ショック翌年の二〇〇九年に、華僑銀行（Oversea-Chinese Banking Corporation＝ＯＣＢＣ銀行）がオランダ系のＩＮＧグループから買収して再出発をしている。買収によってプライベートバンキング部門を成長させようという戦略である。

ちなみに華僑銀行は、ＤＢＳ銀行、ＵＯＢ銀行に並んで、シンガポールの三大銀行の一つである。杉山が入社した二〇一〇年は、親会社の華僑銀行が時価総額でＤＢＳグループを抜き、銀行首位に返り咲いた年でもあり、グループ全体が沸き立っていた。

ＢＯＳのＣＥＯについては、銀行の母体が変わったのだから交代劇があっても不思議はなかったが、グスマンはそのままＣＥＯのポストに座り続けている。それだけ手腕があり、親会社から信頼されているということだ。

それを知っている桜井はグスマンに手短に告げた。

「彼を頑張らせますよ」

「はい！　ベストを尽くします」

杉山が慌てて言葉を引き取ると、グスマンは「OK、OK」と手を振った。

彼がジャパンデスクに加わったことで、BOSの日本人スタッフは総勢九人になった。男性バンカーが四人、女性のジュニアバンカー（バンカー見習い）が一人、あと四人がアシスタントである。会議室で挨拶すると、彼と梅田のアシスタントに付く中村咲子が細い眉を上げて、笑顔を作った。

「杉山です。野村證券や三井住友銀行にいました。出身は岐阜の大垣です」

杉山が早口で挨拶した。少し顔を赤らめ照れているようにも見えたが、ぎらぎらしたものを秘めているのが咲子にもわかった。

こんなところに覚悟もなしで来るバンカーなんているわけがない。そもそも異国に渡って外国企業で働くような者は、欲を隠していることが多いのだ。

咲子もその一人だった。

彼女は三重県の女子学園で中高一貫教育を受け、名古屋にある同じカトリック系の私立大学を卒業している。そのため考え方の底にキリスト教の教えがあるのだが、十九歳の夏休みにマイアミに語学留学をしたことで奔放《ほんぽう》な一面が解き放たれた。

三つ上の姉は大卒後、結婚をして二人の子供を産んでいる。だが、咲子は「女というものは結婚して家庭に入り……」と親や親戚から説教されることが大嫌いだった。学校の先生も、良い大学を出て良い会社に勤めるのが豊かな生き方につながると教え、同質と協調の価値観を押し付けてくる。それに反発する心がアメリカの自由な空気に触れて息をし始めた。

いつか外国で働こうと決め、就活もせず大学を卒業した後、ニューヨークに渡った。アメリカで同時多発テロ事件が起きた翌年の二〇〇二年のことである。移住しようと思っていたのだが、テロ事件の余波で就労ビザは取れず、移住が叶わないとわかるとフランスで放浪した。異国でもがき――両親から見ると、好き勝手に生きて――日本に帰国した後、三重の和菓子屋の三代目と結婚寸前のところまで行ったが、結局、恋人を放り出してシンガポールで自立している。

シンガポールに渡るころが人生の分かれ目だった。咲子が「働きたいわあ」とつぶやいたら、当時、東京の和菓子屋で修業中の三代目がこう返した。

「どうせ、三重県に帰って、僕のお嫁さんになるから、正社員にならんといて。派遣とかでええやん、アルバイトでええやん」

「あ、そうやなあ」

「角《かど》の喫茶店でええやん」

時給何百円のウェイトレスか、と思っていたら、求人サイトでシンガポールの求人広告を見つけた。日本人が経営する投資顧問会社だった。彼には黙って東京の面接に行って合格する。それを彼に会って告げた。

「ワーキングホリデーみたいな感じで一年間ぐらい働きたい。あなたの修業も二年あるし」

「そこは（名古屋の）何区にある会社なの？」

「シンガポール」。三重県ではない、身近な都会の名古屋よりもっと広い世界で働きたかったのである。

「はあ？　お前、アホやろ」

「だから、シンガポールだって。もう私、こんな生活はちっとも面白くないし、あと二年もこんなことしてると、私は死んでまうわ」

「じゃあ一年だけならええよ」

なんであんたに言われなきゃあかんの、と思いながら、ともかく日本を離れた。二十四歳の時だった。

シンガポールに落ち着いて三ヵ月ぐらいのころ、一度日本に戻って彼と話し合った。

「このまま働きたいわ。海外で自由に働きたかったもの」

咲子はこう思っていた。

――結婚することは三重県の田舎に戻ることを意味する。そのうえに、彼の家の四代目、つまり男の子を産むことを期待されている。そんなミッションはちょっと私には無理かな。

「何を言ってるんや。俺は三十歳まで待つよ」

彼は、専業主婦になって男児を育ててほしいと考えている。一方の彼女はいつか独立する夢を持っていた。結婚で人生を終わらせたくなかったのである。いま働いているBOSも通過点に過ぎなかった。とりあえず、シンガポールで生きているのも、就労ビザや永住権が取りやすかったためで、米国やフランスでの可能性を消していった消去法の結果に過ぎなかった。

いま目の前で汗をかきかき挨拶している杉山もあれこれあって同じ岸に流れ着いた人の一人だろう。

――少し優しくしてあげよう。束の間のことなんだから。

咲子はそう考えて片笑みを浮かべながら、杉山の話を聞いていた。

それから、杉山と桜井の二人は初めての打ち合わせに入った。杉山が三井住友銀行時代やフランス系信託銀行のころに開拓した顧客について説明する機会である。

「私のお客様にはご挨拶を終えています。シンガポールにも関心を持たれている方が多くいました」

「それで、預金はいつ取ってこられるか？」

桜井は表情を変えずに言った。以前に勤めた銀行の顧客資産をいつ、ごっそりとBOSに引き抜けるのか、というのだ。

「何人かに話はしてあります」

「そうか、よし！」

「一段落して、日本に行ければ、口座を開設して少しずつ移せるかと思いますが」

「じゃあ、すぐ行ってこい」

杉山は驚いて声を上げた。

「いや、それは……」

いくらなんでも性急すぎる。彼が管理していた顧客資産のうち、上手くいけば数十億円をBOSに移管できるかもしれないが、それは慎重でなければならない。証券マンや銀行員にとって他人の資産はモノに過ぎない。カーディーラーが売り買いする車のようなものだ。だが、大方の資産家にそんな気配を見せれば、たちまち不信を招くだろう。

いくらシンガポールの銀行が運用や税制で有利だとしても、金持ちであればあるほど警戒心も強い。どれだけ杉山に託してくれるかは、実際に面談し、口座開設の作業に入ってみないとわからないのだ。

そして、資産引き抜きの動きが露骨であれば銀行側が抵抗するに決まっている。バンカーが銀行を移る時は客を引き抜いていくものだ。客の多くは信頼できるバンカーに付いていく。バンカーから見れば、付いてきてくれる顧客を何人、そしてどれだけのAUM（運用資産残高）を抱えていくか、そのせめぎ合いの世界でもある。

バンカーが辞めるという時点から、銀行同士の資産争奪戦が始まっている。日本でも外資系のプライベートバンクは、辞めようとするバンカーに、これから三ヵ月間、顧客と一切、コンタクトを取ってはいけない、と通告するものだ。そしてこんな誓約書を書かせる。

〈あなたが管理していた顧客について、辞表を提出してから三ヵ月間は一切接触してはならない。その代わりに三ヵ月間の給料をあなたに支払う〉

その三ヵ月の間に、銀行側は金融資産を引き出されないよう、顧客のもとに後任のバンカーを派遣し、後任に引き継がせてしまうのだ。つまり、資産を他行に動かせないように固めてしまうのである。

杉山は桜井の態度が一変していることにも驚いていた。口調も「杉山君」から「お前」に変わっている。その朝も顔を合わせるといきなり叱られたのだ。

「お前、失礼だぞ。ネクタイもしないで！」

杉山は目を丸くした。前日の桜井のスタイルを真似てネクタイを締めずに出社したのである。ジャパンデスクのバンカーはみんなノーネクタイだった。ところが、ボスは辛辣《しんらつ》な言い方をした。

「まだ、何ひとつできてもいないだろう。格好ぐらいちゃんとしろよ」

新人は、いつもそうしてこの職場のボスが誰なのかを教え込まれるのだ。君臨するのは、CEOのグスマンではなくチーフヘッドの桜井なのだった。

だが、杉山は桜井の指示を鵜呑みにできなかった。そもそもこの地のプライベートバンカーは、シンガポールの金融管理局にプライベートバンク業務免許の申請をして登録のレフナンバー(reference number)をもらわなければ営業活動ができないのである。日本でも証券マンや銀行員が金融商品取引業務に携わるためには、外務員資格試験を受け、日本証券業協会を通じて金融庁に登録する必要がある。その程度の知識は杉山にもあった。

「私はまだ登録も終わっていません」

すると、桜井はアシスタントを呼んで言った。

「杉山はもう(日本に)出張できるか? 俺も一緒に出張するから」

「まだです。二週間後くらいからOKになります」

アシスタントは冷静に答えた。杉山の登録審査さえ始まっていないはずだった。それくらいの時間はかかるのである。

「だめだ。それじゃ遅すぎる。担当部署に頼めば何とかなるだろう。早く登録できるように言ってくれ」

金融管理局に働きかけろというのである。杉山は桜井の顔を見つめた。シンガポールに着いてまだ四十時間も経っていない。それなのにすぐ日本に帰ってカネを引き抜いてこいという。何を焦っているのだろう。

白い紙に黒インクがぽとりと落ちたような暗い気持ちが広がっていった。

大変なところに来てしまったのかもしれない——。

杉山は翌日から大急ぎで部屋を探し、金融街から三駅のコンドミニアムに決めた。名前がいい。そこはインド人街に近く、かつては腐臭漂う下町であった。その歴史を払拭《ふっしょく》しようというのか、一帯は清楚な花の名を冠してラベンダーと呼ばれていた。コンドミニアムの名前は「シティライツ」——街の灯といった。夜になると、四十二階建てのそのビルは、雑然とした街に巨大な灯りを点しているように見えた。

本当のところは、まずフェアモントホテルで一週間過ごし、その後一ヵ月間、メイドサービス付きの高級サービスアパートメントで寝泊まりしながら引っ越し先を決める——そんな段取りでいたのだ。だが、夢のバンカー暮らしは泡のように消えている。一ヵ月の家賃約六十万円というサービスアパートにも五日しか住むことはなかった。前払いの賃料はほとんどが無駄になったが、ボスにしてみればどうでもいいことだったのだろう。

金融登録が済んだのは十日ほどしてからだった。桜井の部屋で二週間の日本出張を言い渡された。その話が済むと、部下の評価をひとしきりした。そこでも梅田の話題に及んだ。

「俺は梅田君を一度も叱ったことがないんだ。よく頑張ってるよ。彼は確か三十六歳だが、もうシンガポールに一戸建ての家も買っているんだ。日本円だと、ここでは一億五千万円はするよ。車は赤いジャガーをポーンと買った。頑張った見返りだな」

当地でジャガーの新車を手に入れるには四千万円近く必要だ。高い関税を払い、自動車購入権を購入しなければならないのだ。梅田は既に資産家ということになる。

彼は慶應大学を出て、中村咲子とほぼ同じころにシンガポールに働きに来ている。

「中央三井信託銀行（現・三井住友信託銀行）からシティバンクの日本法人を経て、まだINGグループ傘下のBOSに来た。シティバンクが営業停止になったのでね」

アシスタントとなった咲子にはそう言っていた。小柄でひょろりと痩せ、おとなしい公務員のように見えた。ジャパンデスクで最も若いバンカーでもある。名古屋出身で子供も二人いるという。

　オーラのかけらもまとっていない、そんな人間がわずか六年ほどで一億五千万円の豪邸に住み、英国車を乗り回している。一体、どんな客をつかめばそれほど儲かるのだろうか。

　目が合うと、桜井はこう付け加えた。

「お前もここで梅田君に追いつけるように頑張ることだ。俺についてくればできるよ」

　やがて、その話には裏があり、梅田たちが太る仕組みもわかってくる。ジャパンデスクではいくら頑張っても、桜井や梅田に追いつけないのだ。

2　消えたバンカー

　杉山が朝食を摂《と》らないのは、野村證券勤務時代からの習慣である。

　そのころは午前六時に起きて日経新聞を読み、朝食抜きで会社の寮を出た。そうして入社三年目あたりから完全に食欲を失ってしまった。

だから、シンガポールでも午前七時にホテルのベッドで目覚め、ＣＮＢＣのチャンネルでニューヨークマーケットをチェックすると、もうやることがなくなってしまった。部屋でのんびりしていればいいのだが、彼には他のバンカーが出勤する前に、アシスタントから聞いておきたいことがあった。

それは、杉山よりも早く入行したはずのバンカーたちの行方である。ヘッドハンターや日本の友人から仕入れた情報によると、杉山がシンガポール行きを躊躇《ちゅうちょ》していた二年間に二人の日本人バンカーがＢＯＳに入行していたはずだった。その新人バンカーたちの姿はどこにもなかった。

――一体、彼らはどこに消えたのだろう？

杉山はアシスタントたちのブースを目立たないように回って聞き歩いた。人が好く、正義感にあふれた女性ばかりだ。彼女たちは二つのことを教えてくれた。

「二人のバンカーはすでに退職して日本に帰国してしまっていますよ。嫌気がさしたんでしょう」

「勤めていたのは、そうねえ、一年ほどでしたよ。よく覚えていないけど、一人はとても怒っていましたよ。本社に訴えるとか言って」

――辞めたのはあまり出来のよくないバンカーだったのだろうか。そんな社員ならヘッドハントされるわけもないのだが……。

「杉山さん、ここは日本ムラみたいなところなんですよ」

社員の一人が杉山の耳元で囁《ささや》いた。はっとする一言だった。

「だから、ムラの様子がわかるまでは、あまり動かない方がいいですよ」

間もなく社員たちが次々と出勤し、彼も仕事にとりかかった。といっても、前任者はおらず、引き継ぎらしいこともない。桜井の指示といえば、自分で考えろ、ということに尽きた。

「とにかく今まで持っていた客を急いでBOSに持ってこい。そして、その客から新しい客を紹介してもらったり、税理士に紹介してもらったりして、自分で客を作れ」

出張のやり方から報告の手順、顧客資産の移管手続きに至るまで、アシスタントに聞いてひとつずつ覚えようとしたが、そもそもどう進んでいいのか、よくわからないのだ。

どうにも落ち着かない日々が続いていたある日の夕方、当地流行のアジアレストランで杉山の歓迎会を開こう、とアシスタントたちが言い出した。下っ端だけの飲み会である。そのレストランは川沿いの洋風建築の博物館の中にあって、ムードのあるテラス席は観光客にも人気があった。

その直前にジャパンデスクの歓迎会も開かれていて、そこには桜井の実弟も顔を出していた。実弟は当地で保険会社に勤めているという紹介だったが、社内の飲み会に自分の身内を呼ぶところがいかにも〝桜井商店〟らしかった。杉山はその夜、桜井の実弟と二次会に行ってパスポートと手帳を失くし、翌日、小さな騒ぎとなった。

幸いホテルのトイレで見つかったが、アシスタントたちは杉山のその無警戒ぶりにあきれ果てた。これは一度、ボスのいないところではっきりと教えてあげた方がいい、となったらしい。


高層ビル街を抜けたところにシンガポール川は流れている。その流れはこの小国の中心地を西から東へと貫き、金融街と旧政府施設を結ぶ古い吊り橋の下にゆっくりと辿り着く。しまいにその流れはすっかり動かなくなって澱《よど》み、吊り橋のあたりは川魚もほとんど失われている。杉山はこの川に糸を垂らす釣り師をまだ見たことがない。

大阪の道頓堀川のような、その汚濁の川はいつの間にか闇の中に呑まれている。電飾で輝く提灯《ちょうちん》船が白人の酔客を乗せて上ってきた。

アシスタントたちは満員のレストランで影のようにひそひそと話した。

「誰が聞いているか、わからないから」

といたずらっぽい笑顔で言った。そのうちに一人が言い出した。

「これからボスの桜井さんのことを暗号で呼びませんか」

当地は日本以上に壁に耳があり障子にも目がある、というのだ。

「暗号？　それって面白い」

「うんうん、ボスは誰が何を言っているのかとても敏感ですからね」

という話になって、

「じゃあ、綽名はね、チャーリーでどう？」

「いや、顔がゴルフ焼けをしているから、顔の色でブラウンにしましょう」

「でも、日本人なんだし、やっぱり『茶《ちゃ》』でしょう」

それで落ち着いた。それからというもの、ジャパンデスクでは、

「知っていますか昨日、茶がですね」

「茶の新情報があるんで、きょう飲みに行きませんか」

そんな会話が飛び交うようになった。

ただ、この夜は暗号を決めただけでは終わらなかった。参加者の一人が、めまいのするような事実を漏らしたのだ。

「よその銀行のジャパンデスクも似たところはありますが、特にBOSのジャパンデスクは、茶のワンマン中小企業のようなものなんです。実力者だし、彼が作ったジャパンデスクですからね。でもこれからが肝心で、杉山さんがいくら頑張っても、茶がトップ、梅（梅田）がその次という序列は絶対に変わらないんですよ」

「そうかなあ、彼はずっとチーフのままでも、成績や序列は実力しだいでしょう」

「わかってませんねえ。以前にも二人ずつ、二回ほど入社したことがあるんだけど、全員が一年でクビになっています。一人は三十億円ぐらい集めたらしいけど、クビになっちゃったら、そのバンカーが集めた顧客資産は、茶たちに持っていかれたんですよ」

つまり、バンカーが辞めると、彼が集めて管理していた顧客の資産の多くは桜井か梅田の担当となり、顧客資産から毎年生まれるカストディアン・フィー（信託報酬）も、彼らが山分けするのだという。

「えー、そんな仕組みなんや。焼け太りしていくんやな。しかし、バンカーをクビにして、客という資産を山分けするなんて、えげつない。それはカモネギというか、カモを殺して背負ってきたネギまで取るようなもんやないか」

杉山は興奮すると、言葉に地方訛《なま》りが混じる。

「でも、ボスなんだから仕方ないですよ。彼に反旗を翻したバンカーもいたけど辞めさせられちゃった」

その騒ぎは、ＢＯＳがまだオランダ資本だったころに起きたという。新人バンカーがオランダの人事部に訴えたものの、買収のどさくさだったこともあってうやむやになってしまったと噂されている。

「シンガポールは経営側に強い権利があって、一ヵ月前に通告すればどんな条件でもクビを切れます。もめたところでクビはクビ！」

「ふーん」

「だから、杉山さんがここでやるって決めたのなら、茶のイエスマンに徹しきるのが生きる道です」

杉山はむっとして言った。

「イエスマンになれないんやったら……」

「そうできないんだったら、半身《はんみ》の態勢でいた方がいいです」

「半身ってどういうことや？　面従腹背という言葉はあるけどね」

「いつでも逃げられるようにしておけばいいんじゃないですか。BOSに少しずつ顧客の資産を持ってはくるけど、ここで働き続けられないとわかったら、お客さんの資金も引けるようにしておいた方がいいですよ。ごっそりとおカネを持ってくると、引けなくなってしまいます。とりあえず何件か、自分で自由に動かせるお客さんを日本から持ってきて、ジャパンデスクの実態を見極めたらいいんです。その間にどうするか決めた方がいいですよ」

杉山の顔から汗が一度に吹き出した。何となく感じていた違和感とはこれだったのか。かすかな恐れのようなものを感じる。シンガポールの外資企業なのに、なんてドメスティックなところだろう。しかし、入社してしまった以上、もう引き返せないのだ。

杉山は昏《くら》い川に目をやって、小さく首を振った。

——いや、やれるわい。大事な客を剝がされてたまるか。俺は野村で最強の営業マンとして仕込まれてきた。だからプライベートバンクの世界でもタフに生きていくことができるはずや。

野村證券は業界で「ヘトヘト証券」と呼ばれていた。社章が〽印の下に「ト」。〽印はカネに縁のある商家が江戸時代から好んで使ったもので、「ト」は創業者の野村徳七の名前から取っている。この社章が「ヘトヘト」と読めるのである。さらに野村はヘトヘトになるまで社員をこき使うことで有名だった。

そのヘトヘト営業の下で、杉山は毎日成績を上げることだけを考え、土、日でも「外交」と呼ぶ営業活動を続けていた。自分は人間ではなくて金融商品を売る機械だ。そうとでも思わないとやっていられないほど数字のために働いて、一体、どこにゴールがあるのだろうと考えていた。

野村證券はもともと大阪が発祥の地で、社員たちは、電話でも、「まいど」「それで、なんぼや」という言い方をする。支店の杉山です、と本社のワラント部に電話を入れると、

「声聞こえんぜえ」

「杉山です！」

「お、まいど！」

そんなやりとりの後、彼らは支店の後輩からも利ザヤを稼ごうと吹っ掛ける。えげつない商売を何とも思わない連中がひしめいていた。

——そんなナニワ金融道で叩き上げられた人間がこんなところで負けるわけがない。

良くも悪くも、杉山は野村によって作り込まれている。あんなに猛烈に証券道を叩き込まれれば、誰でも一流の営業マシンになるはずだ。だが、自分は一方で、証券を売るマシンにだけはなりたくない、と苦しんできた。働く原点に、もがきのようなものがある。

そして、杉山はあのヘトヘト営業の日々を思い出した。

3　野村證券の日々

新人研修からして野村證券は違っていた。

彼が入社した一九九二年当時、日本の証券界では、野村證券、大和証券、日興証券、山一證券の売り上げ上位四社が「四大証券」と呼ばれていた。だが、杉山の上司は、「四大証券」という呼び方を許さなかった。

「『一強三弱』と言うのが正しい。野村は証券界のガリバーだから」

新人研修は野村の鋳型《いがた》に入れて、ノルマをものともしない「強者《つわもの》」の一人に叩き上げるためのもので、入社から断続して三年間続いた。杉山の記憶にあるだけで、一年次研修が四回、二年次研修は二回、三年次研修は二回と、合計八回、延べ六十日に及んだ。

「新人一人当たりに一千万円ほどの予算をかけている」と研修担当者は説明している。

一年次研修が始まったのは入社式翌日の四月二日のことである。三百三十人の新入社員が横浜市保土ケ谷区の野村證券横浜研修センターに集められ、「証券業の意義」について幹部が講義したあと、マナー講義や研修体系の説明があった。普通の企業ならそのまま座学が続くところだが、杉山たちは翌日、いったん本社や支店に配属され、一週間の日程で現場研修を受けた。

杉山が配属されたのは、神奈川県中央部の厚木支店である。若い支店だ。ソニー厚木工場や厚木ナイロン工業（現アツギ）などの工場群と都心のベッドタウンを抱え、土地成金が続々と誕生している地域だった。

支店の上司はまず厚木周辺の見開きの地図を買ってこさせて、営業地域を三日で回るように指示した。

「一駅ずつ降りて街の様子を観察してこい。高い丘や山があれば登って街全体を眺めてみろ。街の形を知り、賑《にぎ》わいを感じることが大事だ。図書館にも行って営業地域の歴史を調べておけよ。自分の働くところがどんなところで、どのあたりに顧客がいるのか、嗅ぎ分けられるようになれば自信がついてくる」

その足で杉山は支店の最寄り駅である小田急線本厚木駅に行き、急行の止まる主要駅を一つずつ乗り降りして、駅前から商店街、住宅地を駆け回った。

初日は本厚木から町田へと上り、さらに相模大野→藤沢→小田原の各駅前を、二日目は、小田急小田原線の各駅停車で本厚木から愛甲石田へと下って、伊勢原→鶴巻温泉→東海大学前→秦野→渋沢→新松田→開成→栢山《かやま》→富水《とみず》→螢田《ほたるだ》→足柄《あしがら》→小田原を回っている。歩くほど見知らぬ街が少しずつ身近な土地に思え、怖いものがなくなるような気がした。

街歩きの日々を経て、開講から約十日後の四月十三日に新入社員たちは研修センターに戻っている。その日から五月一日の一次研修閉講までの約二十日間、缶詰状態の座学が続いた。

「金融入門」「経済入門」「株式入門Ⅰ、Ⅱ」「金利商品の魅力」「株式、CB（転換社債）、WB（新株予約権付社債）、投資信託の魅力」……といった証券会社では必須の講義が午前八時半から夕方まで行われ、午後九時からテレビの前に座る。「新だれにもわかる現代の金融」「だれにもわかる株式と株価」「株式市場の魅力とその見方」など自社や日本経済新聞社作成の研修ビデオを見、日経新聞の読み方を学ぶのである。

その合間に電話の掛け方、訪問先でのマナー、エレベーターの待ち方、タクシーでの席順、証券界の隠語を教え込まれ、外務員試験の対策を練る。

宿題を済ませ、すべての日課を終えると、時計の針はたいてい午後十一時から午前零時を指していた。だが、翌日、寝過ごすような新入社員はいなかった。朝の研修に一分でも遅れると、部屋の外に立たされ、反省文を書かされるからだ。

人間の記憶力は不思議だ、と杉山は思う。

野村の大幹部の叱咤激励《しったげきれい》を受け、元駐仏大使で野村證券常勤顧問だった本野盛幸《もとのもりゆき》の講演を聞き、日本ラグビーフットボール協会理事・真下《ましも》昇の「フェアプレーの精神」に耳を傾けた。だがそれらはやがて講演を聞いたことさえ忘れていく。

一方、研修で見た創業者・野村徳七の一代記ものや、「鍋蓋《なべぶた》を売る話」の映画は頭の片隅にこびりついて離れなかった。妙に生臭く、経済の脈動を伝えていた。

「鍋蓋を売る話」は、ある少年が鍋の蓋を悪戦苦闘しながら売っていくという内容である。

鍋というものは蓋と鍋の部分があって初めて商品として売ることができる。蓋だけなら買う人もいないだろう。それでも少年は蓋を売ろうと試みる。それは証券営業にもつながる考え方だ、と教えるのである。

つまり、株式や債券、投資信託といった金融商品は、食品や家電製品、車のような生活必需品ではないが、企業社会には不可欠な血液のようなものだ。その価値と必要性を顧客にどう理解させ、販売していくのか、それを新入社員たちに考えさせるのだった。映画の最後にはこんな言葉が流れる。

「有価証券を販売する行為は、無から有を生み出すものだ」

杉山はその言葉を信じたかったのだ。入社前に父から言われた言葉が耳を離れなかった。

「株屋なんか、あかん！」

そして、一次研修から三、四ヵ月ほど経ったころ、杉山は地元の古い地主からこう言われている。

「君のやっている仕事はしょせん虚業だよ」

「いや、それは……」

反論したかったが、証券セールスマンは顧客と議論して絶対に勝ってはならない、と教えられている。

「だってモノは作れば残るけれど、君のやっていることは何も残らないじゃないか。虚業と言われてもしかたがないぞ」

土地を売って高額所得者の名簿に載った人だった。杉山はそこへ通い続けて証券取引を勧めていた。地主の皮肉は取引を断るための方便だったかもしれないが、「虚業」という言葉は若い杉山の心を貫いた。もっと実《じつ》のある仕事をしたらどうだ、というように聞こえた。猛烈なノルマ営業に投げ込まれ、いつも彼の心は揺れていた。

研修が終わって支店に戻った日のことは忘れられない。上司は杉山の前に百枚入りの名刺を十箱、積み上げて言った。

「飛び込み営業から始めよう。営業区域を一丁目一番地から順番に回って、一日に最低三十枚の名刺をもらってこい」

ノルマを課し、伝手《つて》のないところから顧客をつかんでこい、というのである。杉山はその言葉通りに、支店のある厚木市中町の、一丁目一番地にあるビルの最上階から飛び込みで挨拶をして回った。

「忙しいから帰れ」

「お前、株なんかいらねえって言ってんだろ!」

そう言われても、そこを何とか、と食い下がる。名刺の数が三十枚に達するまで帰れない。居留守のようであれば近くから電話を入れ、社長がいるとわかれば素っ飛んで戻った。そしてひたすら頭を下げる。

「すみません」「まったくですね」

そんな言葉をつないでいるうちに心を開く人もいる。四回も五回も訪ねては門前払いを食い、従業員から「何回もすみませんね」と同情を買った末に売買へと入っていく場合もあるのだ。顧客側の心理についても研修でみっちりと教わっていた。

三十枚の名刺を集め、夜の支店に戻ると、「インストラクター」と呼ぶ支店の四年先輩が待っていた。マンツーマンの指導係だ。

「いいか、会社の支店長の名刺なんかいらないんだよ。サラリーマン支店長は株を買うカネがないからな。中小企業を攻めろ。明日は『代表取締役』と肩書の付いた名刺を三十枚集めてこい」

「はい！」

「それから当分の間は支店に戻ったら、見込み客に御礼状を書く練習をしろ。研修で習っただろう。最初は練習だから俺宛に書いてみろ」

それは重要な日課となった。その日の面談で名刺を交わした人、会ってくれなかった人、面談したが名刺は出してくれなかった人――カネを持っていそうな人すべてを「見込み客」と呼び、彼らに筆ペンで御礼状や挨拶状を書けというのである。

そのためのビジネス文例集も配付されていた。当時、他の証券会社でも営業企画部で「効果的なセールスレターの書き方」といった冊子を作成していた。用例集は各社それぞれに特徴があり、山一證券では、文章のスタイルについて、

〈文体を統一し、箇条書きを活用して、5W2Hの要領で書くこと〉と指導していた。

普通の文章読本は、〈文章は5W1Hの6要素が必要〉と説いている。つまり、いつ（When）どこで（Where）誰が（Who）何を（What）なぜ（Why）の5Wに加えて、どのように（How）の1Hが必要というわけだ。

だが、山一證券では、〈証券ビジネスの文書は、「いくら」、あるいは「なんぼ」（How much）の言葉が必要だから、How muchのHをこの5W1Hに加えて合計7要素で書け〉と教えていたのだ。

これに対し、野村證券では、見込み客への手紙は便箋にボールペンで書くのではなく、手紙用巻紙に筆ペンでしたためるように、と指導していた。文例集も、「初めて会った人に出す場合」「断られた人に出す場合」「電話で断られた場合」といった風に見込み客との接触をケースごとに想定しマニュアル化していた。

手紙を巻紙でしたためるのは、他社よりも誠意のあるところを示すためで、少なくとも野村社内では、「相手の意表を突いて関心を引く効果がある」と信じられていた。

杉山は書道が得意だったから、野村の用例集を自分なりにアレンジして、草書体で書いた。ダイレクトメールが全盛の時に、時代がかった巻紙で、しかも楷書《かいしょ》や行書ではなく、崩した草書体でしたためて相手を驚かせてやろう、という魂胆がある。なかには、杉山が出した巻紙をすべて机の中に保管していた顧客もいたから、やはり泥臭く客をつかむ手法としては有効だったのである。

4　ノルマ営業との訣別

気が付くと、杉山は支店のノルマ営業に組み込まれていた。先輩社員は笑って言った。

「俺たちの営業時間はセブンイレブンだからな」

午前七時までに出勤し、午後十一時に退社ということだ。支店で日経金融新聞（現・日経ヴェリタス）や日刊工業新聞、業界紙をざっと読み、本社から届く分厚いファックスメッセージを支店社員の数だけコピーする。簡単な打ち合わせの後、午前九時に証券取引所が開き、午前十一時（現在は十一時半）に前場《ぜんば》（午前中の取引）が引ける。その後に香港市場の株のノルマが来る。マーケットが開く順番にノルマが課せられるのだ。

杉山の時代はまだ白板の時代で、そこに二十万株といった支店ノルマが書き込まれ、それをこなした順に消していく。先輩が一万株の注文を取れば、20の横に↓19と書き、その下に注文を取った社員のセールスコードを書き込む。杉山であれば、コード「68」だ。そうして少しずつノルマの数字を減らしていく。

ノルマ達成に貢献した社員が胸を張って昼食を取りにいく。ぐずぐずしていると食いはぐれるのだ。

何とか前場をしのぎ、昼食時に支店から外に出ると、いつも強い日差しに目を刺された。フラッシュを浴びたように周りの光景が白黒に見え、思わず目をこすった。

後場《ごば》は午後零時半から午後三時まで。一時間に一回ほど集計し、ノルマの数字がゼロになると、終了したという印に小さな日の丸の旗を白板にバンと立てた。その音が高く響いた。

うまくいかなかった夜は、歴史小説を読んで自分を鼓舞した。司馬遼太郎の『坂の上の雲』や『竜馬がゆく』が好きだった。いつも坂の上を目指していると思い込んでいた。野村企業情報社長だった後藤光男の『道は拓かれる——野村とともに35年』

（東洋経済新報社）も愛読書のひとつだった。

後藤は野村証券の伝説的な営業マンで、協同飼料株をめぐる株価操縦事件で一九七三年に逮捕され有罪判決を受けている。だが、その著書は十一刷りを数えて約二万八千部も売れた。後藤の新人時代から支店長へと辿り着く出世の裏側を描くと同時に、逮捕、復活に至る波乱万丈の証券マン人生を実名で記していたからだろう。

後藤はこの本の中で〈株式市場は経済の心臓であり、野村がそれを支えている〉と解説し、ノルマを肯定的に捉えている。新人のころ、後藤が大先輩に尋ねて納得をするシーンがある。

「ノルマ、ってどんなものですか」

「ノルマ、とは空気みたいなもので、目には見えないけれど、これがないと、我々も目標がなくて困ってしまう。ノルマは達成できたからといって、そこで仕事をやめてしまうものではない。ノルマができなくて命を失った人はいない。君たちは将来の野村を背負うんだから、そんなことは気にせずに、安心して仕事をしなさい」

そして、野村のセールスマンは「株の売り子」ではなく、その仕事は「オポチュニティ・アンリミテッドである」と説く。自分の意志と努力で誰にでも会え、何でもできて、自由な発想の受け皿となり得る、恵まれたビジネスだというのだ。そのうえで自分には「プラス・ワン」の行動を課していたと書いた。

一日の仕事が終了した時に、外交中だったら、もう一件訪問をする。電話している時には、もう一本だけ新規先に電話を入れる。仕事の後に手紙を一本だけ書く、というようなことだ。

小田急線に揺られながら杉山はそれを読み、午後九時を過ぎていても、もう一件、外交に行こうと自分を奮い立たせる。

後藤の説く証券道は時代遅れで、もはや古い宗教に近い、ということが杉山にはわかっていた。後藤たちは、「相場が悪い時は、死んだ魚でも生きてるように見せろ」という世代である。しかし、第一次選抜で出世したいという野心が杉山の心の多くを占めていた。そして、何かを道標《みちしるべ》にしなければ心が折れてしまいそうだったのだ。

厚木支店の最初のボスは、最年少の三十三歳で支店長に抜擢《ばってき》されたやり手だった。尊敬を集めていた。

「がむしゃらになれ。すべてにおいて」

と彼は訓示し、買い一辺倒で強気を貫いた。野村は支店長が絶対的な権限を握っており、ボスの判断の下《もと》で特定銘柄を買いまくって溜め込み、値上がりしたところで一気に売り抜ける。途中で売ると株価が下がるので売りを禁じている。今なら株価操縦と叩かれそうな売買を支店全体で演じた。

営業部は煙草のもうもうたる煙と狂気に近い活気とストレスに満ちていた。クリスタルの灰皿は山盛りの吸殻が蜂の巣のように突き刺さっていて、煙草の匂いが部屋に浸《し》みついていた。

「社長、あのですね」

と話していた先輩社員が机から消える。あれっと思ったら受話器を持ったまま事務机の下に潜り込んでいた。

「この銘柄はうち（野村）が買うんで絶対値上がりします」

どこに消えたのか、と思ったら決まって机の下に潜って商談していた。表向きは許されない交渉や口約束をして、ありえない「絶対値上がり」の言葉を繰り返した。そして、机から顔を出すなり、

「決まりました！」

と大声で叫び、白板に十万株と書いていた。滑稽《こっけい》だったが、誰も笑う者はいなかっ

た。

杉山が入社したのは、四大証券の損失補塡《ほてん》が明らかになった翌年のことである。東京国税局の税務調査と読売新聞の報道で一九九一年六月、野村證券に端を発した巨額の損失補塡が発覚し、大蔵省は証券会社の特別検査に乗り出した。証券界の長年の宿痾《しゅくあ》だったのである。それが国会でも問題になり、大蔵省は証券取引法を改正して業界の常識だった損失補塡に罰則規定を設けた。証券取引等監視委員会も発足し、監視体制が強まっている。

このため、証券会社はそれまでのように損失補塡や利益保証、さらには不正の温床となっていたノルマ営業を自粛し、証券マンの自主性を重視すると発表していた。だが、実際にはノルマ営業は続いていた。

厚木支店は全国でもトップ5に入るほどの収益達成率を挙げる優秀店として知られていた。

午後八時から九時ごろにかけて、営業マンたちはへとへとになって支店に戻ってくる。

いまは午後八時以降の金融機関のセールスは禁止されているが、当時はそこから夜の電話外交が始まった。ノルマを示す数字が白板に大書され、少しずつ減っていくものの、やがて数字が固まって動かなくなる。

すると、支店長が営業課長に「全員を集めろ」と声を掛ける。

「何でできないんだ！」

それを「詰められる」と営業マンたちは表現した。ハッパをかけた支店長は煙草を吸いながら白板に記したノルマの数字が減るのをじっと見つめている。すぐにまた課長が呼ばれる。幹部たちでぼそぼそ声を交わしていると思うと、課長の声が響く。

「あと五万株やれよ！　売るんだ」

もう電話に出るお客さんなどいない。もう午後十時過ぎなのだ。それでもみんな電話に取りつくしかなかった。

――一体、みんな誰に掛けているのだろうか。

そう思っていたら、ある日、先輩の部屋で留守番電話の声を聞いた。

「社長、恐れ入ります。夜分遅くに申し訳ありません。実は日立の株がいま……」

それは先輩自身の声だった。寮の自室に引いた電話に、自分で勧誘の電話を繰り返し繰り返し掛けていたのだ。先輩の部屋に遊びに行った時に、彼がその声を消去しながら聞かせてくれた。

「ばかばかしくて、やってられないよ。こんなことをやっているのは俺だけじゃないぞ」

彼はひきつった笑いを浮かべた。

深夜に電話を掛ける客もいなくなる。それでも電話外交をしていないと怒鳴られる。電話を掛ければ掛けたで、お客さんに叱られるのだ。

「何時だと思っているんだ。こんな時間に」

だから、誰もいない真っ暗な自室に電話を掛けるのである。

「社長、恐れ入ります……」

先輩のくぐもった電話の声が耳の奥に残っている。自作自演の商談だ。その留守電が二十本も溜まっていた。

そして、一九九四年の春、杉山の人生を変えることが起きた。支店長に呼ばれたのだった。

「就職ジャーナルという雑誌に野村證券の若手社員を載せてくれるというんだが、君を推薦しておいたよ。『こんな人物がほしい、三年目社員の入社動機』という特集だそうだ。君はトップクラスの成績を挙げているからね。今度、記者が写真を撮りにやってくるから取材を受けなさい」

その年の一月には、成績優秀者として中国の上海、香港、深圳《しんせん》を二週間かけて回る会社の研修旅行に出かけている。苦しい仕事をこなしながら、順風を背に受けようとしていた。

特集記事は、「新生野村」に飛び込んで活躍するトップセールスマンという趣旨だった。取材を終え、しばらくして支店に届いた雑誌を開くと、見開き二ページに三枚の写真付きという大扱いである。右上に〈MOTIVATION 杉山智一が語る〉という横見出しが立っていた。

「やったなあ」

「おいおい、大宣伝だな」

雑誌を覗《のぞ》き見た先輩や同僚たちから驚きと羨望《せんぼう》の声が上がった。

それは、いわゆる「提灯もの」にしては上手い記事で、杉山が静岡大学在学中にサッカー一部リーグでMFとして活躍したこと、入社するや、歩きと自転車の営業で同期トップの新規口座数を獲得したこと、顧客の預かり資産も拡大し、アジアマーケットにも注目して営業活動を繰り広げていること――を調子よく書き込んでいた。

それだけでも就職雑誌としては十分な内容だったが、取材した記者か担当デスクか、あるいはそのいずれもが会社思いの仕事好きだったのであろう、次のような太い見出しを立て、あえてドラマ仕立てで学生の目を引く記事作りに出た。

〈九一年夏、あの試練は、運命かチャンスか。

反対の嵐が、新生野村への期待を募らせていった〉

九一年夏の試練とは、野村の損失補塡事件を指している。杉山が就職活動をしている時はまさに、野村がこの事件で追及されているさなかで、記事はその「逆風の野村」に両親たちの反対を押し切って入社したという部分を強調していた。

つまり、渦中の野村に「運命的な出会い」と「新しい野村が生まれるチャンス」を感じ、都銀や地銀、大手自動車メーカーの内定を蹴って、野村證券静岡支店に電話を入れて就職することを決めた――という筋立てである。そして三年目のいま、「自分の選択が正しかったことを確認した」となっている。

彼は野村の広告塔になったのだった。

俺は出世コースに乗っている、という意識も芽生えていた。地方にいた同期入社の社員が自殺したのもそのころだった。上司との軋轢《あつれき》があったと囁かれ、同期の社員たちは「自分たちもこのままでいいのだろうか」と言い合っていた。だが、彼は上司や先輩に向かって、その疑問を表立って口にできなくなってしまっている。

「表彰されたのだからもっと頑張れるだろう」。上司はそう言って杉山のノルマを増やし、先輩の一部は嫉妬《しっと》のためか、彼をかばおうとしなくなった。

やってもやっても次のノルマが追いかけてくる。ある夜、寮に戻ってガラス棚をたたき割った。空しさが心に満ちていた。その時、右腕の手首とひじの真ん中についた傷は今でも残っている。

付き合っていた女性は野村の同僚だった。愚痴をこぼせなかった。

ノルマに追われていると、しまいには会社から監視されているという感覚にとらわれる。

――寮の部屋に盗聴器が仕掛けられているのではないか。

そう思うと、いたたまれなくなって、真夜中に自分の車で静岡まで突っ走ったことがある。会社のすべてから逃げたかったのだ。ところが、静岡のサービスエリアに入った時に相模ナンバーの車を見つけた。

「つけられてるんじゃないか」

そう思った。実家で久しぶりに妹と会った。その友達が遊びに来ていたが、怖いものでも見るような目で彼を見た。あとで聞くと、女友達がこう言ったのだという。

「あなたのお兄ちゃん、目がイッてるよ」

それから二年後の一九九六年、野村證券が総会屋に利益供与を続けていたことが発覚する。翌年五月には元社長らが一斉に逮捕された。

彼は無批判に「新生野村證券」を信じていた。信じたいと思っていたのかもしれない。会社が徹底的に批判されると、一時的にせよ、広告塔になって野村を支えている、と慢心していた自分の幼さがひどく恥ずかしく、みじめに思えた。

しかも、総会屋に利益供与をするため、何も知らない杉山の支店は本社の指示で株を売ったり買ったりしていたのだという。

――そのたびに俺たちは利用され、お客さんを裏切り続けたわけだ。何が「運命的な出会い」だ。「新生野村への期待」なんてよく言ったものだ。
自分の気持ちをどう整理したらいいのかわからなかった。自分の勲章だと思ってい
た記事が薄汚れて、どうしても腹の中におさまりをつけられなかったのである。
人生はたった一度きりだ。自分をごまかして生きていくうちに、人生は一日一日と
擦り減っていく。きっと別な道もあるのだ。野村證券が摘発された後、総会屋利益供
与事件は大和、日興、山一と波及し、一九九七年十一月、三洋証券に続き、四大証券
の一角だった山一證券が経営破綻していた。巨大証券まで倒産へと追い込んだ証券不
況が明けたら、いつか野村を辞めよう。そう思い始めていた。
実際に、杉山が辞表を提出したのは、それから七年後の二〇〇四年夏のことであ
る。彼は鹿児島支店勤務を経て、本店営業部に異動していた。
利益供与事件の後から悶々としながら、ずっと考えていた。金融界は大きく動き始
めていたのである。日本版ビッグバン（金融大改革）が進み、銀行の窓口で投資信託
の販売が解禁されたのに続き、銀行が証券仲介業務に乗り出そうとしていた。それも
退職へと、彼の背中を押した変化だった。
野村のやり方にならって巻紙に筆で辞表をしたためて持っていくと、統括する部長

が表情を変えた。

「これは何だ？」

「辞表です。決めちゃったんで」

「どうして辞めるの？　話し合おう」

真面目な上司であった。小料理屋に誘い、杉山のコップにビールを注いだ。

「早まるなよ」

だが、杉山はこのまま働き続けることに疑問を感じていた。

「やっぱり俺たちは株の売り子だね」

社員たちは自嘲気味に話していた。弁当屋の売り子と変わるところがないというのだ。かつて大先輩の後藤光男が否定した言葉を、今は平気で口にするようになっている。

「社長、きょうは日立（の株）を買いませんか。トヨタもそろそろいけそうですよ」

リテール（個人担当）営業の証券マンがそうやってセールスするのと、弁当屋がオフィスに弁当を売りに来る口上と、どれほど違うのか。

「きょうは唐揚げ弁当ですよ。明日の日替わりはノリ弁です」

昨日に続く同じ日々を繰り返すことに空しさを感じないか。高い給料と引き換えに時間を失っていくだけではないか。

「俺も営業で苦労したことがいろいろとあるよ」

上司は大阪弁で、でも、やってくしかないやろう、と続けた。

「ここまでずっと走ってきたんで、ちょっと一回考えたいんです」

「せっかく雑誌にまで載って、人事部も期待してるんや。ここまでやってきたんやから、やり続けたほうがええよ」

利益供与事件で裏切られたという話は、ついに切り出さなかった。幹部たちの裏切りはどうしても許せなかったのだが、それを部長にぶつけたところで、答えが出てくるわけがなかった。せいぜい部長が言える言葉は「しゃあないやろ」ぐらいだろう。青臭いけれども、杉山はぐるぐると考え続けてきたのだった。

最後に「出処進退を決めます」と二度も言ってしまった。

「出処進退か、ええ言葉やな」

上司がぽつりと漏らした。

「営業を一回外れて、どこかの部署で考えるのもいいじゃないか」

そこまで言ってくれたのだが、辞めるという意思表示をした人間に未来があるわけがなかった。いまさら引っ込みがつかず、社員たちが「ヘトヘト」と呼んでいた野村のバッジを外して、部長室に持っていった。

第三章　攻防

1 日本の顧客たち

シンガポールカラスの遠い鳴き声で目覚めると、杉山智一は起き上がって机の前に座った。街はまだ薄闇の中にあった。ここでは午前七時になってようやく夜が明けはじめる。

結論は初めから出ていたのだ。だが、きちんと考える時は机に向かうようにしていた。寝床の中で考えると、人は悲観的になる。心をほどいて当地でどう生きるのかを決めなければならなかった。

――シンガポールに来てしまった以上、三ヵ月や半年で辞めれば信用を失ってしまう。その次の職はない。

「人の信用はやな、一度失ったら、取り戻すのに十年かかる」

と父は言っていた。とりあえず一年間勤めれば、知り合いがたくさんできるだろうし、ヘッドハンターから声もかかるに違いない。日本の顧客の一部はBOSに少しずつ移し替えるしかない。しかし、彼らに勧める金融商品はBOSに縛られず辞めた時に再び移せるようなものにしておこう。

杉山のノルマは一億ドル（約九十二億円）もあった。しかし、三十億円ぐらい積んで、まだ余力があることを示しておけば何とかなるだろう。「来年も面倒を見てやろうか」と思わせておいて、どこかで打って出るしかない。

向こうが俺を身ぐるみ剝がそうというのなら、俺は彼らの看板でノウハウを学びとって一回り大きくなってやるぞ——それが彼の結論だった。

最初の攻防は、顧客の名刺リストをめぐって始まった。

杉山のブースに桜井の秘書が近づいてきた。

「杉山さん、これまでのお客様の名刺を見せてほしい、とボスが言っているんですが、用意していただけますか」

「えっ？　どのお客さん？」

杉山は何を言われているのかよくわからなかった。

「杉山さんのすべてのお客様ですよ。整理保管されているお客様の名刺は全部見たいということです」

「どうするのかな？」

「杉山さんのお客様はもうBOSのお客様になったのだから、会社で共有するように、とのことです。コピーするように言われています」

——お前の客は俺の客というわけか。さっそく剝がしにきたな。

桜井の考えが透けて見えるような気になった。杉山の顧客は、主に三井住友銀行に勤務していた時代に開拓したもので、大手不動産会社のオーナー一族から大企業経営者、自営業者、女優、作家に至るまで数十人に達している。

彼の言葉でいえばポテンシャルの高い金持ちばかりだ。転職を繰り返してもなお、彼個人と付き合ってくれている富裕層で、バンカーにとって宝の山のような存在である。桜井はその宝庫のカギを管理下に置いておきたかったのだろう。

しかし、まだ口座も開いていない顧客はBOSの顧客ではない。顧客の候補であり、見込み客に過ぎないのだ。そのすべてをいきなり桜井の前に晒《さら》すことが顧客のためになるのだろうか。

たぶん、杉山が桜井とたもとを分かてば、その名刺のコピーを頼りに一斉に杉山の顧客に当たって、自分たちの手中に収めようという寸法だろう。

「少し待ってくれないかな」

と杉山は秘書に笑顔を返した。

「まだ会社には全部持ってきてないんだ。引っ越しでぐちゃぐちゃになっているから、二、三日して見つけて持ってくるよ」

それから杉山は急いで名刺リストの整理を始めた。有力な顧客の名刺はリストから引き抜いて別に保管し、コピーされても構わないものだけを提出用に選《よ》り分《わ》けた。名刺はこれだけなのか、著名人や金持ちのものがあるはずだ――と桜井に疑問を持たれることだろう。しかし、彼がそれ以上は押せないことも杉山にはわかっていた。


入社から二週間後の朝、彼は成田空港の到着ロビーにいた。シンガポール金融管理局への登録が終了して、出張で日本に舞い戻っていたのだった。シンガポールでは空港の中でも食べ物の匂いが鼻をつくように感じていたから、無臭のロビーに立つと、母国に帰ってきたという思いが募った。春は過ぎ、空港の隅々まで新緑の明るい光があふれている。

だが、いつも空港に着く時に感じる、どこか浮き立つような気持ちをどこにも見つけられなくて、体が重く感じた。「一日に五件は回ってこい」と桜井から言われている。二週間なら七十件というわけだ。同僚にも忠告されている。

「桜井さんはあなたを信じていないから、毎日、小まめに報告しなければこっぴどく叱られますよ」

もっとはっきりと言う者もいた。

「本当は途中報告なんて時間の無駄です。ディナーミーティングもありますから、ホテルに戻って報告を打っているうちにくたくたになってしまいます。しかし、報告が少ないと、『お前、本当にお客さんと話してんのか』と言われますよ」

実際に、桜井からはひっきりなしに連絡が入った。客と面談中にブラックベリーが鳴る。メールがしやすいという理由で、BOSではそのスマートフォンを使っていた。見ると、桜井からのショートメールだった。

〈どうなっているんだ?〉

それだけの内容である。午後九時ごろに顧客と会食をしている時に、「どうして連絡を寄こさないのか」と電話が掛かってきたこともある。彼を憂鬱《ゆううつ》にさせたことがもう一つあった。途中から桜井が東京出張に合流してきたことである。

「お前のお客さんにどうしても会っておきたいんだ。一日だけでも案内してくれよ」

それは断ることのできない要求であった。

「引き抜こうとする客の中に要注意人物が混じっている可能性もあるからな」。そう言われればどうしようもない。ヤクザや脱税者を引き入れるだけでなく、顧客の資金洗浄に加担した疑いを持たれれば信用失墜は免れない。

――よし、今回は「Say Hello.」でいこう。時間の無駄だがそれも仕方ない。挨拶するだけにとどめるしかない、と杉山は思った。BOSは日本の営業免許はないから、本来、日本でできることはせいぜい投資セミナーを開くぐらいだ。表向きはシンガポールの国情や投資メリットを語り、「興味があればぜひ、南十字星の国にいらしてください」と言って引き揚げるのだ。

現実には、スイスやシンガポールなどから出張してくるプライベートバンカーはそこを巧みにくぐり抜けて密談を交わしている。中には日本でひそかにサインをもらい、契約書をDHL（国際宅配便）で本国の銀行へ託送してしまう猛者《もさ》もいる。日本で契約を交わすこと自体が違法だが、証拠さえ残さなければ金融庁も摘発できないと彼らは考えている。

しかし、それは秘密を握り合う一対一の関係だからできることである。それが桜井のような上司であっても、第三者が混じると密談はまず成立しない。

結局、杉山は日本に帰国して三日目に桜井と待ち合わせることにした。顧客とはその日だけで五人、一時間ずつ面談する約束を取り付けている。

最初に午前九時から銀座のレストラン経営者に会い、午前十一時には港区に事務所を構えるメーカーの会長室にいた。彼は経営の第一線を退いたものの、次々と会社再建を託されるのだと愚痴をこぼしている。

「休む間もなく働かされているんだよ。ひどいものだ」

会長室は初夏の柔らかな陽光に包まれていた。部屋の主は杉山と桜井の名刺を受け取ると首を傾《かし》げた。

「シンガポールに行ったのは何年前だったかなあ」

「この数年で大きく変わりましたよ。私が赴任した二十年前は何にもなかったんですがね」

桜井の言葉を杉山が引き取った。

「大変な勢いで発展していて本当に驚きました。シンガポールで頑張りますので、どうかお付き合いをお願いいたします」

その後は国際空港の匂いの話になった。

「空港はその国独特の匂いがしますね。文化の一つで、あれは浸《し》みついて取れないんだな」

会長が言い出したからである。

「韓国はキムチの匂いがするし、外国人に言わせれば、日本は魚の匂いがするんだそうですよ」

「久しぶりに成田空港に降り立ったんですが、私は何の匂いも感じませんでしたよ」

と杉山が返すと、

「それは日本人だからです」

会長は柔らかな口調で言った。

「チャンギ空港のあの匂いは何ですかね」

「たぶん、中華系の食い物の匂いですよ」

その日はそんなたわいもない話をあちこちで繰り返した。五件の面談を終えて、タクシーに乗り込んだ時だった。桜井が前を向いたまま、感じ入ったように言った。

「お前のお客さんは、みんな質がいいな」

「もともと三井住友銀行のお客さんだからでしょう」

「そうだな」

あとで同僚たちが解説するには、「質がいいな」と思わず漏らした一言には深い理由があったようである。

「僕の客は質がいいと、ボスに褒《ほ》められたよ」

ジャパンデスクでそう言うと、同僚はウンウンとうなずいた。

「それは、これまで質の悪いお客さんも抱えてきたからでしょう。彼は清濁併せ呑む時代からここでやってきたんですよ」

そう言えば、他社のプライベートバンカーも言っていた。

「今でこそ、シンガポールは富裕層の資産逃避先ですが、十年前くらいまでは、かなり怪しげな客もいたんです。コロコロ（キャリーバッグ）に一億、二億の札束を入れて香港やシンガポールを往復していた人が結構いました。当然、そのカネを受け入れるプライベートバンカーがいたわけですね。誰とは言いませんが」

実際に、シンガポールを舞台にしたヤクザの資金洗浄や脱税事件はしばしば発覚しているのだ。問題はその多くが真相不明のまま、タブー視されていることである。その一つが、五菱会《ごりょうかい》ヤミ金融事件である。

五菱会事件とは、二〇〇三年に発覚した山口組旧五菱会系のマネーロンダリング事件のことだ。発端はヤミ金融グループが摘発されたことで、彼らは二〇〇一年ごろから消費者金融やクレジットカードローンなどの借金で困っていた多重債務者ら数万人に、出資法の上限金利の数百倍で貸し付け、山口組に上納していた。

その収益の中から、クレディ・スイス香港支店経由でクレディ・スイス本店に約五十一億円、シンガポールの外資系銀行に約四十三億円が送金されていた。このスイス送金分のうち約二十九億五千万円がスイス当局などに犯罪収益金として没収され、五千五百七人の被害者に分配された。

問題はシンガポールに送金された分で、外資系銀行のシンガポール支店は日本からの預金凍結の要請をはねつけたと言われている。カネの流れもうやむやになり、当地で関与した日本人バンカーたちが追及されることもなかった。その事件はいまも金融関係者のタブーと見なされている。

「下手なことは話せないよ。口にすれば命にかかわるからね」

「誰も恐ろしくて語れないと思いますよ。関係者がまだこの地にいますから」

事件を追及すると、当地の日本人バンカーたちからそんな答えが返ってくる。現地で最初に五菱会関連の口座を開いたバンカーの他にも、事件に関与した者がいると言われているのだ。

そして、シンガポールの金融街では時折、こんなやり取りが交わされる。

「聞いてるか？　あいつがシンガポールに舞い戻っているようだぞ」

「うん、知ってるよ。あの四十三億円はどこへ消えたのかな」

2　百億円の保険

それからも雨季のシンガポールと梅雨時の日本を往復する日々が続いた。日本の顧客のカネをBOSに引っ張っていくのが杉山の仕事なので、毎月のように日本に出張することになる。そして一週間から十日をかけて顧客の事務所を回っているうちに看過できないことが起きた。それは、伝手《つて》をたどって大手ゼネコン経営者夫人と会食をした直後のことである。

経営者一族は一千億円を超す資産を抱え、長男はシンガポールで働いている。いずれシンガポールなど非課税地を活用した相続対策を検討していた。

「これから杉山さんも相談に乗ってくださいね」

品のよい声が耳の奥に残っている。これまでBOSとは取引がなかったから、ビジネスとしては上々の出だしである。その一部でも新たに取り込むことができれば、金額次第では桜井や梅田の資金量を上回り、ジャパンデスクでナンバーワンのバンカーに躍り出る。メールで面談結果を伝えたうえ、シンガポールに戻るとすぐに桜井に報告をした。

「信頼を勝ち取れば、かなりの資産受け入れが見込めます」

「そうか。わかった」

意外なほどあっさりした反応だった。数日後、桜井の部屋に呼ばれた。先輩の梅田がすでに部屋にいる。不自然な沈黙を破って桜井が切り出した。

「例のゼネコンの奥さんの話だけど、梅田君も彼らを知っているということだ。どうだね？」

「は？」

そんな話は一度も聞いたことがない。驚いて桜井の表情を探ろうとした。

「いや、梅田君もあそこにパイプがあるんだよ」

梅田がすかさず口をはさんだ。

「シンガポール在住の長男は私と同じ慶應大卒で、同窓会の三田会で一緒なんです」

それが何だ、と杉山は言おうとしたのだが、二人が示し合わせている様子を見てとって、口を引き結んだ。

──同じ慶應卒でも伝手がなければ赤の他人ではないか。

もし、ゼネコンファミリーに事前に接触しているのであれば、杉山の出張中か、出張から帰ってきた時に、桜井が「そこは梅田君も当たっているよ」と告げたはずだ。

何よりも、ゼネコン夫人はこう語っていた。

「海外のプライベートバンクとはまだ取引をしたことがないんですよ。これからよろしくね。バンク・オブ・シンガポールという名前も初めて聞くんですけど、国立銀行じゃなくて、民間の銀行なのね」

どう考えても理屈に合わぬ介入であった。たとえ、杉山と梅田が同時に商談を進めていたとしても、顧客をめぐってバッティングした場合は、その顧客が担当バンカーを決めるというのが金融業界の原則である。

そうすると、ゼネコン夫人が杉山を指名することは確実なので、権限を握るボスと梅田、杉山の三者で話し合いの末、ゼネコンファミリーに当たるのは梅田に決まったという形にもっていきたいのだ。

だから、「どうだね？」と杉山に聞くのは、暗に「梅田に担当させるということでいいだろう、どうだ？」と圧力をかけているのに等しい。この場で話を決めてしまおうというのである。

杉山が顔を紅潮させて反論の言葉を探していると、桜井はそれを封じるように言った。

「そういうことだから、ゼネコンに誰が当たるかは俺が決める」

それで話は終わりとでもいうように、梅田がさっと席を立った。そういう手はずになっていたのだ。

その件は結局、梅田がフォローしていくことになった。しばらくしてアシスタントから結果を聞かされたのだ。桜井の決めることなので直接、杉山に報告する必要はないということのようだった。

——絶対君主だから、俺がどう思おうが関係ないということか。

今までの杉山なら、桜井の部屋に行って何か言わないではいられなかった。だが、少なくともここで一年は我慢しなければならないのだ。彼は大型の手帳に、今やるべきこと、シンガポールで実現すること、この一年の目標、二年後から十年後までの目標を書き綴っている。そうして、シンガポールに居続けることの意味と生きる目的を確認し、「とりあえず今は走り切ろう」と自分を納得させていたのだった。

「それに……」

と杉山は心の中でつぶやいた。そんなことは野村證券でもよくあったことだ。証券営業は顧客の奪い合いでもある。野村では他の野村支店の顧客を取ってくると、社内で評価された。

「この世界は野村同士でも弱肉強食だ。お客さんを取られる方が悪い」

と上司は言った。逆に、日興証券や山一證券の客を引っ張ってきても、「何だ、それは？」という感じだった。

「本当にポテンシャルがある顧客は野村にしかいない、野村の客以外は取ってもそれほど価値がない」

先輩はそう言うのだった。

ゼネコンの話は、杉山が手を引くと相手が警戒してダメになってしまった。だが、その後も同じような〝客剝がし〟が続いた。大口の資産を持つ顧客と話が進むと、待っていたかのように桜井が割って入った。

「俺にきちんと話を通してからじゃないと、取引を進めるな」

そう言って、彼か梅田が交渉に割り込み客を奪ったり、商談そのものを台無しにしたりした。

ある時、著名な自営業者とその家族がシンガポールを訪れた。三井住友銀行からの縁で、杉山が投資運用と節税用の生命保険に加入を勧めていた。総額で約十億円の契約までもう一歩のところまでこぎつけていた。ところが、そこへ桜井が「俺が直接交渉をする」と割って入り、毎日のように契約を迫った。それに自営業者が不信感を抱いた。

「あなたのボスが連日セールスをするのはやめてほしい、せっかくシンガポールに来たのだからゆっくり考えたいの」

そう言い出して、帰国してしまい、結局、契約は見送りになってしまった。信頼を取り戻すためにまた一から始めなければならなかった。

そのたびに杉山は歯嚙みして、黒い表紙の大型手帳に書き記した。

〈一年は我慢しろ。武器を手に入れるまで〉と。

腐ってもしょうがない。腐ったら負けだ。とにかく前向きに生きて、「ムラ社会」のこの経験と、異国のプライベートバンカーのノウハウを次に活かそう——。そう考えるように努めた。

しかし、桜井や梅田の成績を抜くことができないカラクリに問題はないのだろうか。桜井は役員であり、バンカーというプレーヤーを監督する立場にある。それが自らプレーヤーを演じ、腹心の部下とともに手数料やボーナスを稼ぐやり方にコンプライアンス上の問題はないのだろうか。

——こんなことが続けば何か良くないことが起きるのではないか。

そんな疑念を杉山は抱いていた。

それからというもの、親しい顧客には杉山とBOSの内情を正直に打ち明けることにした。シンガポールのプライベートバンクには何ができ、何が危ないのか、そして

ＢＯＳや他の銀行で何が起きているか。さらに、杉山自身は将来、ＢＯＳを辞めて他の銀行に転じる可能性があるが、顧客の資産は責任を持って運用していくので、いまは信頼してついてきてほしい、と付け加えた。

　長い付き合いのある客はひとまずそれで「わかった」と言ってくれた。その上でこう尋ねるのだった。

「それで君自身に何ができるのかね？」

　半年もすると、杉山はシンガポールの商品知識の多くを仕入れていた。もともと腕のいいセールスマンである。

「シンガポールにはフックがあります。カネを引っ掛けるフックのようなもので、彼の地でひゅっとやったら引っ張ってくることができます。引っ張るのとは逆に、おカネを守ることも簡単です」

「カネを守る？」

「例えば保険ですね」

　この話をすると、富裕層は膝を乗り出すか、騙されるものか、とでもいうように訝《いぶか》しげな眼になる。後日、弁護士や会計士を同席させて話を聞きたい、と言い出す者もいる。そんな客の方が話は簡単だ。結論がすぐに出る。法的に問題ないとわかれば契約へと傾くからである。

ちなみに、シンガポールなど海外の銀行は税理士を自らの資産管理ネットワークに抱えている。税理士が相続対策に悩む顧客を紹介してくることも少なくないのだ。彼ら税理士には多額のキックバックも用意されている。ただし、日本の税理士が下手にキックバックをもらうと免許取り消しになりかねない。とてもそこまではやれないという税理士もいれば、海外でひそかに受け取る人もいる。

杉山は、ある整形外科医の母親に、BOSで取り扱っている巨額の保険商品を勧めたことがある。医師である息子に頼まれたのだった。

「うちの母もあの保険に入れたいのだけど話をしてくれないか」

自分の妻にはすでにこの保険に加入させているのだ。

「ありがたいことですが、センセイからはお話しいただけないのですか」

「僕からは言い出せないよ。母が死ぬのを僕が待っているようじゃないか。君から頼むよ」

そんな話はよくあることだった。亡父の資産を母親が引き継いでいる。当然のことだが、その母が亡くなると遺族は多額の相続税を支払わなければならなくなる。財産をもらった者は税金の支払い能力が生じる、というのが国税庁の考え方だ。財産をただでもらったのだから、その富の一部は社会に還元しなければならない、と役所は言う。だが、富裕層の一部は必ずしもそうは考えない。その間《はざま》に杉山が生き抜く拠りどころがある。

だが、母親は杉山の話を信じようとしなかった。すでにいくつもの生命保険に加入し、その担当者から知識を得ていた。説明すればするほど泥沼にはまった。

「五十億円の生命保険商品があります。税金で半分持っていかれても、二十五億円は残りますよ」

「そんなうまい話があるの？　うちはもう外資系の保険にも入っているけど、聞いたことないわ」

「あるんですよ。日本のアリコではできなくても、シンガポールではセットできます。日本の生命保険には金融庁の規制があって、死亡保障の最高額は七億円ですよね。しかも、その保障金を得るためには六億五千万ほどのキャッシュを入れないといけません」

「……………」

母親の視線が険しくなった。

「でもシンガポールでZ社の生命保険に入れば、五十億円の死亡保障が入ります」

「本当に？　保険料はいかほどになるわけですか」

「ええ、加入者が五十歳だとしたら、十五億円が必要です」

ひと当たりすると肌感覚でおおよそ客の反応はつかめる。「十五億円」と言ったところで、母親はキッとなった。

「十五億円も生命保険につぎ込むことはできませんよ。そんなおカネなんてありませんもの」

「大丈夫です。お客様にはまず五億円をご用意いただきます。残り十億円は当行で融資をさせていただきます。とすると、五億円を出しただけで、亡くなった時には五十億円の死亡保障金を得られます。そうなると、十億円の融資分を返済しても、三十五億円が手元に残る計算になります」

Z社にとどまらず海外の保険商品は金額も儲けも大きい。例えば、五十億円の保険に加入させればプライベートバンクにも何億円という収入が転がり込んでくる。

さらに、保険料を「融資」することにも大きな意味がある。融資にこぎつけると、加入者が死亡するまで永続的に融資金利を取り続けることができるうえに、死亡保険金からの返済があらかじめ確約されている。それ以上に銀行側にとって重要なのは、預金や金融資産を担保にローンを組ませることによって、顧客が他のプライベートバンクに資金を移しにくくなることである。「紐付《ひもつ》きになる」と彼らは言う。

加入者と銀行の双方にメリットのある、ぼろい儲け話なのである。だから説明には熱がこもる。

「でも、それも相続税の対象になるんでしょう」

「もちろんです。でも、考えてみてください。元手の五億円を寝かせていても相続税で半分取られるんですよ。結局、二億五千万円だけしか、ご家族には残りません」

「まあそりゃあ、そうですわね。でもねえ……」

「しかし、この保険を使い、五億円の元手で三十五億円を手にした場合、相続税を引いても十七億円余りが残ります。相続で一番大変なのは、不動産などすぐに現金化できないものに対しても納税期限があるということです。十七億円あれば、その手の相続税もすべてクリアできるのではないでしょうか。この商品ですが、シンガポールでは人種別に安定度を測る格付けがあって、日本人はAランクですから、最高で百億円の保険に加入できますよ」

立て板に水の説明で、息子の整形外科医には納得させたのだが、母親には歯が立たなかった。そんなにうまくいくわけがないと言い出し、杉山は母親が怒り出す前に、

「ああ、まあそうですよねえ」

と話を変えてしまった。顧客は日本を基準に保険商品を考える。海外の保険はよくわからない、という意識が強く、加入したその保険会社が二、三十年後に存続しているのかという根本的な不安も拭《ぬぐ》えない。

だから、あれこれ尽くしても、保険勧誘の杉山の打率は二十打数一安打ぐらいだった。そこで、彼は銀座の高級寿司屋のように売っていくことにした。効率よりも客の好みを考えながら鮮魚を仕込み、注文に応じて一つひとつ刺身を切り、寿司を握っていくようなものだ。

まずは単品で利回りの良い債券を「いかがですか」と持ちかける。「いいネタが入っていますから、まずは刺身で召し上がってみませんか」というわけだ。この時、一億円の原資があれば三倍まで、つまり三億円までレバレッジをかけて購入できるの

で、まずはやってみましょうとアプローチする。

レバレッジとはテコの原理で、手持ちの資金よりも多い金額を融資することによって動かすことだが、毎月、債券の取引をインターネットバンキングで確認し、増えていることがわかると、この言葉にも警戒心が薄れ、顧客の反応が変わってくる。あ、本当に増えている、次の月も入った——と実感できるようになると、「なるほど、BOSなんてよく知らなかったが、日本とはちがうんだ」となる。そこで、握りを勧めるのだ。

「保険もどうですか」とシミュレーション資料を見せ、とりあえず小さな金額で売っていく。タイやヒラメのような味の薄い握りから始めて、トロやウニのような濃いものに移るように、まずは美味いと感じさせ、それから保険金額の増額を検討してもらうのだ。

やがて、杉山の顧客は三つのパターンに分かれた。一つは、保険はよくわからないが、シンガポールでの債券運用は利回りが良さそうだから取引を始める人。刺身単品組だ。次に保険だけに加入する、高い商品購入組、高級寿司を注文する組である。そして、刺身盛り合わせを経てお任せの握りを食べさせるように、債券と保険の両方に入る組。こちらは保険のローンも債券の運用益でまかなおうという人が多い。

3 「A社長詣で」

時が経つにつれて、杉山は急速に季節感を失っていった。日本では初夏に青葉雨が降り、涼雨の恵みがあって、初秋にはしとしと秋霖《しゅうりん》が地面を叩く。やがて野分《のわき》が立ち、冬の雪風が舞う。彼はそんな言葉を使って巻紙、筆ペンで顧客に手紙を送るのが好きだった。だが、シンガポールには変化を告げる四季がない。

「いや、四季はないが、三つの季節はある」と語る人がいる。熱帯特有の雨季や乾季のことを指しているのではない。

「それはね、一つに『hot（暑い季節）』。二つに『hotter（もっと暑い季節）』、三つ目に『hottest（暑すぎる季節）』だよ」

暑さにうんざりした駐在員たちが、一度は耳にする当地のジョークである。結局のところ、いつも暑いのである。シンガポールの日本人はお祭りや行事、あるいは雨の有無によって季節の到来を知る。

八月はナショナルデー（独立記念日）があり、パレードの準備で街がざわめいてくる。この月は「ハングリーゴースト」の時期でもある。飢えた幽霊とは何だろうと杉山は思っていたが、「腹を空かせた先祖が子孫の家に戻ってくるんだよ」と聞いて得心した。つまり、日本のお盆にあたるのだ。

十一月には雨季が訪れる。タクシーが拾いにくくなって、気温が二十七度ほどまでぐっと下がる。杉山が奇妙な日本出張を命じられたのはその雨季の直前だった。

「十一月の第一週はアポを入れないでおいてくれ。ジャパンデスクのみんなで日本に出張してもらう。お前は絶対行ってもらうぞ」

桜井の指示であった。その話をアシスタントにすると、真顔で助言を受けた。

「それは行った方がいいですよ。みんな有給（休暇）を取って行くことになっているんです」

「えっ？　どういうことなの」

「妙高に行くんです。ジャパンデスクの毎年の恒例行事です。今年は五日間ですよ」

「ミョウコウ？　妙高高原ですか？　新潟の……」

杉山が出張を申し渡されたその期間には、『パヴォーネ』という富裕層向けの雑誌が主催する立食パーティが東京で開かれることになっていた。BMWやアメックスも協賛し、日本の富裕層を招いて、「オテル・ドゥ・ミクニ」のオーナーシェフである三國清三のフランス料理を楽しむという趣向である。BOSはそこに小さなブースを開き、パンフレットを渡して控えめな勧誘をしようとしていたので、杉山は、あるいはそのパーティのことだろうか、と考えていた。

「杉山さん、そうじゃなくて、ボスの大事なお客さんにみんなで挨拶に行くんです。ジャパンデスクでは、『A社長詣で』と言っているんですよ」

アシスタントの中には、それを楽しみにしている者もいるのだという。

「私たちアシスタントの渡航費用は、ボスが自分のマイルを使ってまかなってくれますが、杉山さんたちバンカーは自腹です。給料が違いますからね。A社長詣では強制ではないですが、アシスタントはみんな行きますし、杉山さんもここにいる以上は参加した方がいいと思いますよ」

秘密の匂いを嗅《か》いだような気がした。アルファベットで呼ぶ、謎めいた社長がいて、ジャパンデスクチーフの指示で、社長のいる新潟までわざわざシンガポールから詣でなくてはならないのだ。しかも五日間もかけて!

「お前、社長の挨拶を絶対にすっぽかすなよ。あの人は別格なんだからな」

もっとはっきりと言う同僚もいて、ＢＯＳのスタッフで飲みに行くとひそひそ話になった。

「A社長はな、田中角栄元総理の秘書だったという経営者で、新潟や東京に会社を持っているんだ。総理だった中曽根康弘さんや安倍晋三さんとも親交がある。官界にも人脈を持っているそうだ。桜井さんが今の地位にあるのは、この人がバックにいるおかげらしいよ」

「黒幕みたいな人ですね」

杉山は頭に浮かんだままに言った。

「まあ、そうだね。ボスも頭の上がらないフィクサー的な人らしいよ。彼は、あの人から日本の富裕層を紹介してもらっているそうだ。大口の紹介者だね。だから、とても大切な社長さんだ」

その言葉で杉山はジャパンデスクの秘密の一つを知ったような気がした。桜井が今の地位に君臨し続けていられるのは、おそらくA社長を含めた「紹介者」の存在があるからなのだ。

桜井は日本人の富裕層を次々に獲得し、多い時には総額八百億円の個人資産を預かっていた。バンカーやアシスタントを束ねる管理職で、年収は一億数千万円と言われている。ジャパンデスクの稼ぎ頭で、投資用も含め高級コンドミニアムをいくつも持っているという。

彼は日本に出張しては、移住や海外投資セミナーを開き、新規の富裕層を獲得してきたのだが、そんなセミナーだけで大金持ちをシンガポールに引き寄せられるほど、富裕層ビジネスは甘くはない。

そこに政官界に人脈を張る人物が紹介や口利きをしてくれたりすればどうか。

杉山も野村證券時代から自分の顧客に新たな客を紹介してもらっていたが、「紹介料」のような定まったものはなかった。だが、プライベートバンクでは、そうした紹介者に対する謝礼の内規があり、相当の金額が用意されていた。

ＢＯＳの場合、顧客によっては預り資産の一％をカストディアン・フィー（信託報酬）として受け取るが、そのうちの三割を紹介者に提供していた。つまり、紹介者の口利きによって、ＢＯＳが十億円の預り資産を獲得した場合、その一％（一千万円）の三割の三百万円が紹介者に支払われる。「リファラル・フィー（referral fee）」と呼ばれ、行内の手続きは必要だが、合法的に支払われる報酬である。

しかし、考えてみればおかしな話である。

A社長が桜井に顧客を紹介してくれる人物なのであれば、桜井個人が接待すればいいことではないか。そうではなくて、A社長がBOSジャパンデスクの恩人であり、組織全体が世話になっている紹介者であったとすれば、会社の費用で堂々と訪日して挨拶すべきことである。

それをはっきりさせずに有給を取って自腹で付いてこい、という。胸の中に疑いの雲が湧いてくる。だが、入社半年の身で事実を質したり、反旗を翻したりするのは早すぎる。結局、杉山は組織内秩序に妥協することにした。

「社長詣で」の合間になじみの顧客と日本で面談を重ねるのだ。それなら、渡航費や宿泊費の一部は会社持ちになる。

JR妙高高原駅（現えちごトキめき鉄道・しなの鉄道）に着いたのは、立食パーティでBOSを売り込んだ翌日の午後だった。ジャパンデスクの六人に桜井の知り合いが加わっていた。だから、これは私的な行事である。

驚いたことに、A社長が大型のワゴン車で待っていた。大きな顔に立派な口髭を蓄えており、猛禽類《もうきん》のような鋭い目で、ゆっくりと身を起こすと異様な迫力を感じさせた。杉山とは全く違う人生の線を走ってきた人間なのだ。

「よく来た。飯を食いに行こう」

A社長に声を掛けられた桜井が緊張しているのがわかった。

「ご紹介が遅れましたが、新しく入った杉山です」

桜井が紹介すると、A社長は杉山に低い声を掛けた。

「おう、お前か、新しく入ったのは。どこの出身だ？」

小僧扱いである。このお客さんには気を遣えよ、と桜井の目が光っていた。ビール園のようなところで食事し、翌日はゴルフの後、土産物店の二階にあるカラオケボックスに行った。

杉山は野村證券の営業で酒やカラオケ接待を覚え、たいていの曲を歌うことができる。長渕剛の曲も好きで、その夜は『とんぼ』を唄った。『とんぼ』は都会に憧れて上京した男の苦い青春を描いていて、歌うたびに自分と少し重なるものを感じる。歌い終わるとA社長が声を掛けた。

「お前はそれが一番合っているよ。それがいいよ」
ジャパンデスクの多くがその場にいた。社長が喜んでいるのを見て、杉山はほっとした。ただ、長渕の歌は野村のカラオケ接待では御法度《ごはっと》で、特に長渕の『しゃぼん玉』を唄うと、ひどく叱られたものだ。『しゃぼん玉』は、
〽ひりひりと　傷口にしみて　眠れなかったよ
と始まり、こんな歌詞が続く。

帰りたいけど帰れない　もどりたいけどもどれない
そう考えたら俺も　涙が出てきたよ
くじけないで　なげかないで　うらまないで　とばそうよ
あの時笑って作った　しゃぼん玉のように

淋々と泣きながら　はじけて　とんだけど
もっと俺は俺で　ありますように
いったい俺たちは　ノッペリとした都会の空に

いくつのしゃぼん玉を　打ち上げるのだろう？

野村時代の宴席で、杉山がそれを唄った時だった。

「それはバブルがはじけた歌だから、もう歌うんじゃないぞ！」

と上司が言った。証券会社の営業マンにはゲンを担ぐ者が多く、「うらまないで　とばそうよ　あの時笑って作ったしゃぼん玉のように」とか、「淋々と泣きながら　はじけてとんだ」とかいう歌詞は許せないのである。

カラオケの翌日は、妙高高原から神奈川県まで出張し、野村時代からの顧客に会った。自分を変わらずひいきにしてくれる客に会うと、体中がほぐれるような安心感に包まれる。それでもぐずぐずしていては桜井に嫌みを言われるので、夜の最終列車で妙高高原に戻った。

――シンガポールのプライベートバンカーたちがこんな山奥に集まっているなんて、誰も想像できないだろうな。

漆黒の空には銀砂のように無数の星々がきらきらと輝いていた。そんな時なのだ。杉山が、俺は四十歳にもなって何をやっているのだろうと思うのは――。

野村の同期はみんな結婚し、子供がいて、普通に生活しているんだろう。俺はこんなところまで来て、恐ろし気な社長を接待している。そしてまたシンガポールに戻って暮らし、異国で死ぬのか。

そう考えて小さく首を振る。

——いやいや、普通って一体何だろう。それに、あそこでくたばるものか。人生の最後は故郷の大垣で死ぬんだ。

第四章　海を渡った日本人富裕層

1 忍び寄る孤独

古参のメンバーが気付いた時には、その老人はシンガポールの名門ゴルフ場の会員になっていた。そこはインドネシアの島々を望むセントーサ島のゴルフ場で、シンガポール島（この国はマレー半島の南に浮かぶ小さな島なのである）と七百十mの橋で結ばれている。アジア最高のゴルフコースの一つに数えられていて、シンガポールオープンの会場にもなっている。

老人は痩せ細って体も悪そうに見えた。ゴルフ場にはたいてい一人で来ていた。いつも寂しそうだったから、シンガポールに根を生やす日本人の自営業者がそれを見かねて、なじみの寿司屋に連れていき、素性が知れた。世界的に有名なメーカーの元会長だったというのである。

不思議な暮らしである。五つ星ホテルであるシャングリ・ラ ホテル併設のサービスアパートメントに一人で住んでいる。セントーサ島とは車で約二十五分、中心街のオーチャードロードの裏手に入った閑静な住宅地だ。最高級のサービスアパートだから家賃は毎月約二百万円だという。看護師のような人が付いていた。

けた違いの金持ちなので、元会長にすればたいした出費ではないのだろうが、そんなところに一人で暮らして何が楽しいのかよくわからない。友達や知人がいるようにも見えない。毎日、本を読んで時間をつぶしているという。

もともと高い地位にいたせいか、ずけずけと言い切る癖が老人にはあって、連れていった先の寿司屋の大将を目の前にして、

「これ、あんまり美味しくないですね」

はっきりものを言って、さらに世間を狭くしている。それでいて三回に二回は自営業者が何となく奢《おご》っている。日本人会はもちろん、日本人社会にはほとんど顔を出さない。ゴルフは数少ない趣味の一つらしく、そこでラウンドする時は気が晴れるようだ。

ある時、元会長は「我慢」という言葉を漏らした。

「五年はここで頑張らないといかん。相続は大変だよ。我慢することが大事だ」

日本の相続税法には、通称「五年ルール」が存在した（現在は十年ルールに改正）。被相続人（親）と相続人（子）が海外に五年以上住んでいれば、海外資産に相続税や

贈与税は課されないと言われていた。元会長の子供は米国に住んでおり、元会長が相続税、贈与税がゼロのシンガポールに五年以上住めば、海外に移した資産について、贈与や相続の事態になってもどこにも税金を払わないで済む、というのだ。

改めて尋ねることでもないので元会長に移住の目的を聞いたことはないが、老境の身を異国に置き、我慢して生きるなんて愚かではないか、と自営業者は考えた。仕事で汗を流している時、元会長のことをかわいそうだな、と想ったりする。社会とつながりを持たずに生きて、それで幸せなのだろうか。

元会長の住むサービスアパートメントから車で五分ほどのところに、五十四階建てのオーチャードレジデンスはある。地下鉄オーチャード駅の上に建つ、この国のど真ん中の超高級コンドミニアムで、屈強のガードマンとゲートに護られた富裕層が住んでいる。

階下はショッピングビル。六本木ヒルズの下に、銀座三越デパートが付いているような造りで、一階だけで二十二軒のブランドショップが立ち並び、「妻をそこで解き放ってはいけない」というジョークまである。「旦那のクレジットカードを渡した日には、破産だから」というのだが、その程度で破産する住人はここには暮らしていない。

二十五億円の資産を持つM氏は、その高層階に一人で住み、「五年ルール」の期限が過ぎるのを待っていた。BOSに資産運用を託し、投資用のコンドミニアムも購入した。高額の家賃収入を得ているので、資産が目減りすることはありえない。問題は、ジャパンデスクがアレンジした英会話学校に行き、ゴルフ場で遊び、飲みに出かけたりすること以外にやることがないことだ。五十代半ばで、口数が少ないことも交遊の幅を狭めている。

BOSジャパンデスクでは、彼のもとへアシスタントの女性が週初めに電話を入れる。

「いかがお過ごしですか？」

「いや、何もないよ」

「英会話の方はいかがですか」

「学校に行ってますよ。あまり進まないなあ」

そんなやりとりを交わし、声色に変調がうかがえれば策を講じなければならない。

音もなく忍び寄る孤独につぶされないようにフォローしているのだ。

シンガポールには二ヵ所のカジノがある。その一つマリーナ・ベイ・サンズのカジノに通って十数億円の借金を作った大金持ちがいた。大王製紙の創業家三代目もこのカジノにはまって破綻したが、ぼんぼんの三代目とは別の人物である。その知人が言った。

「奥さんと別れ、お手伝いさんとぽつり広いマンションに住んで寂しかったんですよ。カジノに行ってサイン一発でさっとサービスを受けるステータスを与えられ、深みにはまってしまった。そういう人間は彼一人ではありません」

そんなことにならないように、また、「日本に帰るから銀行との契約は切る」と言い出すことのないように、バンカーたちも気を遣ってカッページの居酒屋や日本人ホステスのいるキャバクラに誘い出す。

当地にはゲイランと呼ばれる売春街もあるし、一流ホテルのラウンジにはプロの女性もいる。

「そこには業者がいて、東南アジアの女性からロシア、ポーランド、コロンビアなどインターナショナルな女性を揃えています。

二人で行って女性を指名して飲むと八百くらいかかります。シンガポールドルですがね。店から連れ出す時はママさんに三百払い、ホテルに行くとなると、さらに五百ほどかかって、合計で千六百（約十万円）もかかってしまう。もったいないので安くする方法を自分たちは知っています。

シンガポールは清潔なイメージですが、探せばエキサイティングなところは結構あります」

当地の金融関係者の証言である。

「今度、日曜バーベキューとかってやりません？」

BOSのアシスタントがこんな申し出をしたこともある。高級コンドミニアムの九階に広がる長大なプールサイドでバーベキューパーティを開き、異国の憂さを晴らしてやろうという趣向だ。

「やってもらうのはいいですけど、僕は自分では何もできませんよ」

「ああ、いいですよ。私たちが用意して下ごしらえもいたしますから」

といっても、肉や野菜の代金は無理やり「パーティ主催者」に仕立てたM氏持ちである。ジャパンデスク総出という桜井の指示だったから、杉山は午前十一時前にワインを下げてコンドミニアムに行ってみた。桜井や梅田は欠席だった。参加者の間から不満の声が出た。

「ボスはまた、お客さんの世話を私たちに押し付けて！　契約してカネを取ったら終わりなんだから……」

コンドミニアムの九階には青々とした空中庭園と三つのプールがあった。デパートの屋上広場が四つか五つ入るくらいのところに、滝の流れ落ちる庭があり、光る芝生が陽を浴びて、テニスコートにバーベキューピット、大きなワインセラーも備えている。

青いプールの先に、マリオットホテルの緑色が見えた。八角柱のビルの上に緑の傘を広げたような中華風の屋根を載せている。そのずっと奥に真っ青な空が広がっていた。

ビールを飲み、ワインを何本も開け、肉を食べて約三時間。その後にM氏の〝邸宅拝見〟という運びとなった。４ＬＤＫの部屋は八億円もする。

「わっ！　いいですねえ、やっぱり」

アシスタントたちは部屋に入るなり、防水テレビ付きのバスや豪華なソファ、調度

品にはしゃぎ、M氏も、

「部屋のインテリアを変えたんだ」

とまんざらではなかったようだった。だが、杉山は使われている部屋が一、二室しかないのを見て取った。八億円の部屋を持て余しているのだ。風呂場の石鹸やシャンプー、リンスはホテルから持ってきたアメニティグッズを使っている。生活感がどこにもなかった。

五時間ほど騒ぎ、地下鉄で帰りながら、杉山は考えた。

――ウワーと皆で盛り上がって、独りになったらかえって寂しさは増すだろうな。

それからしばらく経って、杉山たちはカッページで飲むM氏の姿を見かけた。おでん屋で一人、彼は背を丸めて飲んでいた。

「あれっ！　Mさんじゃない？」

「行くとこがないんだね。そっとしておいてあげようか」

2 「あがり」の人々

元会長やM氏は、「イグジット（exit）組」と当地で呼ばれている。本来、イグジットとは「出口」を意味する。金融業界では、ベンチャービジネスの創業者やファンドなどの投資家が株式などを売却し、利益を手にすることを指すのだが、シンガポールでは「ゴールイン」、あるいは「あがり」の人々という意味で受け取られている。日本で会社を売ったり、株やFX取引などでひと稼ぎしたり、あるいは仕事をやり終えたりして〝収穫〟を済ませ、海を渡ってきた人々のことである。

あがりの人々の大半は、シンガポールの中心であるオーチャードロードから車で十分以内のところに住んでいる。

オーチャードロードの西の端にあるのが、高級住宅街のタングリン地区だ。ここにも、資産三十億円の元パチンコ業者が暮らしている。冒頭に紹介したカウス氏である。M氏とカウス氏との共通点はBOSの顧客であり、時間つぶしに苦労をしていることだ。

カウス氏は相続税を逃れて移住し、ＢＯＳに資産運用を託す一方で、資産管理のためのペーパーカンパニーも設立した。社長には、一緒に連れてきた息子を据えている。資産管理会社の住所は契約した会計事務所に置いた。「空箱《からばこ》」と現地で呼ばれるやり方である。

個人資産をシンガポールの会社に移し替えておけば、五年以内に父親が死亡する事態が起きても、日本の国税庁に相続税を取られる恐れはない——と計算しているのである。

だが、こうした仕組みを完成させた後に、「あがり」の親子がやることと言えば、遊ぶことと英会話学校に通うことくらいしかないのだという。一時は、ＢＯＳに相談して投資顧問のような会社を設立しようと計画したのだが、現地で事業を起こすには英文のビジネスレターを読みこなすぐらいでなければ話にならない。シンガポール金融管理局から免許をもらうメドも立たず、結局、あきらめてしまった。

そもそもイグジット組が新たな事業を起こすのは難しいのだという。シンガポールはマーケットが小さく、言葉の壁がある。そして最大の問題は事業意欲である。

カウス氏の場合も三十億円の資産は確実に新たな資産を生んでいく。金融投資ならば四～五％の利回り、コンドミニアムを購入して賃貸に出せば四％前後の家賃収入が見込める。まるでみかんやりんごを買うように、二億円のコンドミニアムを十室購入すれば、年間八千万円の収入がある計算だ。

「大金持ちになってしまうと、たいていの人は儲けに関心がなくなってしまうのですよ」

三十二歳でシンガポールに「SATISFACTION GUARANTEED ASIA」を設立した佐藤俊介は言う。

「だって、（イグジット組の）彼らは寝ていても（投資や金利で）何億円も入るんですから。一方、事業でおカネを儲けるのは大変ですよね。どんどん手持ちのおカネがおカネを生むのに比べて、費用対効果が合わない。一生懸命、時間と労力とおカネをかけて、五百万円とか一千万円といったカネを儲けることに楽しみを見出すのは難しいと思いますよ」

佐藤はインターネット広告代理店業やフェイスブックを活用した衣料品販売事業を手掛けている。彼のファッションブランドのファン数はフェイスブックで二百万人以上だという。日本で会社を売却して数億円の利益を得た経験を持っており、超富裕層の入り口に立っている。

会社設立は、杉山がBOSに入社した二〇一〇年のことだ。家族で移住し、経済産業省のクールジャパン事業にも参画した。茶髪にうっすらとあごひげを伸ばし、二千円ほどの横じまのTシャツにジーンズで会社に出る。よく見るとわかるのだが、二百万円のロレックスデイトナや百万円のクロムハーツのブレスレットを身に着けている。服はファストファッション、貴金属は値段の下がらないものを選んでいるところが当世の起業家らしい。

佐藤とその友人である投資・経営アドバイザーの木島洋嗣《ひろつぐ》は、「ザ・セイル＠マリーナベイ」に部屋を借りている。金融街の一画を占めるこのコンドミニアムは、起業家や駐在員たちが多く住んでいるのだが、木島たちはそこを「シンガポールのトキワ荘」と呼んでいる。

「トキワ荘」は、手塚治虫や赤塚不二夫、藤子不二雄、石ノ森章太郎ら、のちに巨匠と呼ばれる漫画家たちが住んだ木造アパートである。東京都豊島区にあって、「マンガ荘」とも言われた。彼らは四畳半一間で漫画を描き続け、新たな世界を切り開いての志を、トキワ荘の若い漫画家群像に重ねているのだ。
いく。

つまり、三十代で移住してきた木島たちは、故郷を離れて成功者を目指す自分たち

ただ、木造二階建て、共同トイレだったトキワ荘に比べ、ザ・セイルは二棟から成る計千百十一室の巨大コンドミニアムである。一階にはコンシェルジュやドアマンがいて、警備員が常駐し、地上八階に大小四つのプールと海を見渡すジャグジーバス、テニスコートを抱えている。二棟のいずれもマリーナ湾に漕ぎ出す帆船の帆をイメージし、一つは七十階、シンガポールで最も背の高い高級マンションである。

ちなみに、家賃の高いシンガポールでは、木島の約六十㎡の部屋がひと月約五十万円もする。佐藤の部屋は、高さ二百mの総合リゾートホテル「マリーナ・ベイ・サンズ」を見下ろす六十六階にある。三LDKで約百万円だという。それでも、日本の六本木ヒルズレジデンスのように、富と成功を目指す人々は、ザ・セイルのようなところに集まってくる。一時は住人の三割が日本人だと言われていた。

住人たちによると、ここには、「トキワ荘」系の日本人に交じって、木島らが「世捨て人系」と呼ぶ人々が住んでいる。前述の「あがり」の人たちのことである。

木島は時々、八階のプールサイドや他の高級コンドミニアムでその日本人たちを見かける。

「朝からプールやジムにずっといるんですよ。プールサイドで本を読んで、周りをちょっと散歩して、それから明治屋や伊勢丹のスーパーマーケットに行って納豆と目刺しを買ってくる、という感じですね」

シンガポール明治屋は、「日本人御用達」と言われる当地最大の日本食スーパーで、ザ・セイルから歩いても三十分。空輸された魚から和牛、野菜、生食用の卵まで豊富な日本食材が日本語でも表記され、日本人が食欲と望郷の念を募らせる場所だ。

「明治屋の和牛は素晴らしいけど高すぎて買えないわ」

毎日のように二万円前後をランチに費やすローカルの富豪夫人でさえもそうこぼす高級食材も置いているが、仕事帰りの駐在員が日本のビールやパック寿司、刺身を求めて、夜ごと異国のオアシスに群がっている。

「日本で相当儲けて嫉妬されたり、メディアに露出して叩かれたりした人もいる。かなり有名な人もいますが、新富裕層の人々はもうメディアの取材は受けないし、日本人が集まるパーティや日本人会にも行かない。その彼らも明治屋には行くんですね。

でも『俺に話しかけるな』というオーラを全身から発している人が多いです」

と木島。たまに彼らの機嫌がいいと、木島は話しかけられる。

「元気にしてるの？」

「はい、お陰様で」

「ああ、そう……」

どこか覇気がない。

金持ちになって南の島でのんびり何も考えずに暮らしたいと憧れる人は多い。だが、いざそれをやってみると、あんなに空虚なものなのか、と木島は思ったりする。

シンガポールは人口五百四十万人の小さな国であると同時に、日本人向けメディアやインターネットが発達した情報過密都市でもある。明治屋に寄ったついでに、そこに置いてある四種類の日本語ミニコミ誌を持ち返り、エステや英会話教室、日本人医師のいるクリニック、レストランなど、当地の最新情報を仕入れる生活スタイルが定着している。起業家たちはフェイスブックやツイッターでもつながっている。

だから、シンガポールに移住した光学機器メーカー「ＨＯＹＡ」ＣＥＯの鈴木洋や安売りの「ドン・キホーテ」ＣＥＯだった安田隆夫のような実業家の動静だけでなく、元フジテレビアナウンサー・中野美奈子のような人気者が移ってきたり、松居一代のようなタレントがビジネスを始めたり撤退したりすると、あっという間に情報は広がっていく。

明治屋で帽子を目深《まぶか》にかぶっていても、背中から「俺にかまうな」オーラを出していても、その金満ぶりと寂しさは二万四千五百人の日本人ムラに伝わっていくのである。

3 「五年間」は長すぎる

シンガポール・トキワ荘の話を聞いて、中村咲子は笑い出したくなった。

――「ザ・セイル@マリーナベイ」がトキワ荘なんだったら、私のぼろアパートは何と言えばいいのだろう。

彼女はチャイナタウンの二間のアパートに住んでいた。雑多で湿度の高い街だ。家賃は千六百五十シンガポールドル（約十万四千円）。当地の家賃は世界一でニューヨークやロンドン以上に高いので、これでも格安の部類なのである。

収入の少ない独身女性がシンガポールに住む場合、三つの選択肢がある。一つは、そこそこ綺麗で高いコンド――彼女たちはコンドミニアムのことをそう言う――を友人とシェアするか、もう一つは、古くてもいいからアパートで一人住まいをするか。

彼女の友人である佐藤敦子の場合、七人で一つのコンドに住んでいる。三つのバスルームと六つの部屋を共同で使って、それぞれ八百五十シンガポールドル（約五万四千円）の家賃を払っていた。一方の咲子は潔癖症で風呂やトイレを汚されると許せない質《たち》なので、考える余地もなく、西日差す〝女トキワ荘〟を選んでいる。

ちなみに、佐藤はレンタルオフィスのアシスタントマネージャーとして働く傍ら、『ニンジャガールズ』というブログを友達と開設している。くノ一忍者の衣装でイベント会場に登場することもあり、常盤貴子に似た美女ということもあって当地の人気者となっている。

咲子と五つ年下の佐藤は、いくつもの共通点を抱えている。二人とも大卒で、咲子は三重県、佐藤は長崎県という地方出身者である。そして、異国に対する憧れを捨てきれず、代わりに恋人を捨てて、二十歳代でシンガポールに渡ってきていた。

佐藤の恋人は、地元では名の通った製造メーカーのサラリーマンだった。佐藤は非正規社員で、長崎市内からバスで一時間ほどの工場で働き、その近くに住んでいた。彼女に言わせれば、「イケてないエリア」である。

一番ダサいと思ったのは、彼女のような事務職でも青い作業服を着なければならないことだった。濃紺のスカートに帽子も支給され、四半期や半期の初め、幹部が挨拶する日には、帽子も被らなければならないのだった。

就職して三年もすると、私の人生はこの作業服を着たまま過ぎていくのではないか、と考えるようになった。

日本では正社員と非正規の格差が開く一方で、自分のように一度、非正規に落ちてしまうと、もう戻れないような雰囲気を感じ取っている。しかも起死回生の思いで頑張って、非正規社員から正規社員に這い上がったとしても、それで幸せになれるのか、という疑問が拭えなかった。

結婚という選択もあったのだ。恋人が結婚を考えていることは知っていた。だが、近い将来を想像してみると、どこにも浮き立つものが見つけられない。

——この人と結婚して、建て売り住宅かなんかをやっと買って、一生を過ごすのかあ。

週末に友達と飲みに行っても、楽しくないな、という思いがだんだんとこみ上げてきた。ここがイヤ、あれがイヤ、というんじゃないのだ。そもそもここにいても楽しくないのだ。

それで、ネットでシンガポールに働き先を見つけると、恋人に宣言した。

「私、行くわ！　シンガポールに」

異国といってもそこは女性でも安全だという評判だったし、富裕層の大移動が始まっていた。杉山と同様にカネの風に乗ろうとしたのだ。英語は半年もの間、毎日一時間、オンライン英会話教室で学んでいる。

「大丈夫か？　おい！」

「うん」

「正気なのか？」

誰かに騙されているとでも思ったのだろうか。二十代の女性が田舎で地味に生きる虚しさや、会社が敷いたレールの上を走る息苦しさが理解できないのだ。

「何で行くの？」

「いや、行きたいから」

「どうして？」

「だって私、ずっと言ってたじゃん。だから行くわ」

何度か話し合ったが、止めても無駄なことだけはわかったらしい。渋々と絞り出すような声を上げた。

「まあ、一年くらいすれば帰ってくるんでしょう？」

その後、一度は帰省したが、心の中ではその時に別れていた。

シンガポールには南国特有のゆるい空気が流れていた。見渡すと多くの女性が高い地位にいて、下町のおばちゃんたちも温かい。そして、誰も周りのことを気にしないように見える。咲子のようにいろんなものを捨ててやってきた女性もたくさんいて、やれるところまでやってみよう、と考えられるようになった。

暮らしのレベルや年齢が違うので、彼女たちと富裕層では比較にもならないが、咲子や佐藤が経験的に気付いたことがある。それは、税金を逃れてきた日本人で幸せになったという話はあまり聞かないことだ。

咲子は仕事柄、桁外れのカネを持つ日本人や日系コリアンと当地で会うが、多くの家庭が崩壊している。もともと税金のために移住しており、シンガポールが本当に好きで来たわけではないのだ。

金持ちやその息子の場合は節税というはっきりとした目的があるから我慢もできるが、女性にはその意識が希薄だ。だから孤立する。しばらくすると、妻や息子の嫁が「日本に帰りたい」とか、「日本に残した親の面倒をみたい」などと言い出し、移住した一家がもめ始める。

「おカネを残すのはお前たち家族のためなんだ」

男たちはたいていそう言い張るという。実は自身の欲に突き動かされているのだが、それを家族のためという大義名分で言い訳していることに気付かないふりをしている。

「俺は我慢しているのに、お前たちはどうしてわからないのか！」

「私は日本がいい。少々貧乏でもやっぱり日本に住みたいんです」

そんな言い争いの末に、女たちは夫や息子を残して帰国してしまうのだという。

その結果、「それなら離婚します」という夫婦が出てくる。カネがあって愛人ができたというケースもあるが、咲子は「あがり」の富裕層で家庭円満な人をほとんど見たことがない。

最初に脱落するのは息子の嫁が多いという。これはシンガポール投資を勧める投資顧問業者の証言である。

妻たちにはもともと移住しようというモチベーションがなく、語学が不自由でローカル社会に溶け込めない。二、三年で帰国する現地駐在員とは世界が違い、友人もいないことが多い。

鬱状態に陥り小さなハゲができた主婦もいる。それを十円ハゲならぬ「十セントハゲ」と呼ばれ、彼女の心の傷はさらに広がった。

なかには、自殺騒ぎを起こした人もいる。「こんな空しい思いをするくらいならば」と結局、節税を放棄し、日本に帰国してしまったニューセレブもいる。

シンガポールで部品商社「Ikari Enterprise」を経営する柴田充弘は、移住してきた元ゲーム会社社長の言葉が忘れられない。

元社長は四十代で働く必要がなくなった「あがり」の資産家だ。柴田はゲーム開発会社も持っていて、そこへ臨時でこの元社長に来てもらった。

彼は毎日コーヒーを入れ、柴田の部屋へ来ては嬉しそうに話しかけてきた。

「いやあ、会社に来るっていいすねえ」

柴田は言う。

「いくらおカネを持っていても、人間、やることがないのは非常につらいのではないかと思います。毎日、Tシャツにジーパンで草履《ぞうり》をはいて、やることと言えば子供を学校に送っていくぐらいで、家にいると奥さんに煙たがられてしまう。ちゃんとした服を着て会社に来て、そこに人がいて仕事があって、ということがすごく幸せだと言った人がいます」

仕事、目標、友人――。新富裕層のため息は、それらが欠ければ異国で生きるのは辛いことを教えている。

シンガポールのプライベートバンクの中には、相続税逃れで移住しようという資産家に警告するところも出てきた。外資系のバンカーが言う。

「相続対策のために妻と子供でシンガポールに移住したい、という金持ちが来るんです。そういう方に私は『我慢できませんよ』と言います。『オフショアブームに乗るのはいいが、税金ゼロのために人生後半の貴重な五年間を何もしないで毎日ぼーっとしていられるんですか』と。国税庁が五年ルールを七年、いや十年ルールに改正してしまうリスクもある」

　咲子はこう思っていた。

　――富裕層の人々はカウントダウンを待っている。でも、五年経ったら晴れて日本に帰れるのだろうか。国税庁がそれを黙って認めるのか、見ものだな。

4　伝説の相場師は語る

　東京で「六本木筋」と異名を取ったかつての先物相場師は、BOSと同じリパブリックプラザに事務所を構えていた。オフィスの入り口には、屈強のマレー系警備員が笑顔を作っている。

　その脇をすり抜けると、東に開いた窓から陽光がベージュ色のオフィスに射していた。壁一面にシンガポールやマレーシア、フィリピンの、縮尺の異なる地図。開発地域を示すのだろうか、それは青、黄、緑、茶、オレンジ色にくっきりと塗り分けられていた。眼下に白いマーライオンを見おろす部屋には、日本から芸能人や代議士も訪れるという。

当地では不動産業者として知られている。彼の出した名刺には、こう書かれていた。

〈FORELAND SINGAPORE

Managing Director

長谷川 陽三〉

その名刺の隅に、彼が日本で修羅場をくぐってきたことを示す跡が残されている。小さな文字で、

〈redbeans〉

と、長谷川のメールアドレスが刷り込まれているのだ。赤い豆、つまり小豆《あずき》のことである。それは小豆を始めとした商品相場に四十年間、賭けてきたことを意味している。ちなみに彼が所有していた二隻のヨットはredbeans一号、二号。愛犬はコマメと名付けられていた。

杉山智一が当地に移住してきた時、長谷川は六十代の半ばに差し掛かっていた。新聞拡張員や窓拭き、ガソリンスタンド、酒屋の店員、空き瓶回収業、喫茶店、レストラン、麻雀荘経営……。東京都板橋区の都立高校を卒業した後、少しずつ身を起こ

し、一九七四（昭和四十九）年に賭博に近いと言われた小豆相場の世界にたどり着き、そこで財を成した。

当地でその過去を知る人はほとんどいない。ガニ股で表情が少ない。小柄だが、蟹のように硬い鎧《よろい》で覆われているように見える。風圧を感じるという人も多い。

彼は南洋の木々に囲まれたシンガポールの高級住宅街に住む。以前は、「ブラック・アンド・ホワイト様式」と呼ばれる植民地時代風の豪邸に住んでいた。白い壁に黒塗りの梁《はり》が青い芝生に映える約二十億円の家は本やインターネット上でも紹介された憧れの物件である。その後、三百坪のその家を売却して、一千坪の一戸建てに住んだ。こちらは家賃百五十万円の賃貸だが、買えば三十億円はする。それでも周辺ではたいしたことはない建物だという。彼の資産は「二百億から三百億円ぐらい」と言ってきたが、それにしても、全世界の富裕層を吸引するこの国ではとるに足らない額だ。

彼が「生涯のバイブルだ」と言う本がある。梶山季之《かじやまとしゆき》の経済小説『赤いダイヤ』である。

『赤いダイヤ』は「赤い魔物」と呼ばれた小豆相場に命を張る男たちの物語だ。日本の高度成長期に一攫千金《いっかくせんきん》を夢見た強欲な男たちが次々と登場し、「買い」と「売り」をめぐる血流沸騰のマネーゲームを繰り広げる。

黒く染めた髪を端正になでつけた長谷川も東京・六本木に本拠を置き、仕手戦にのめり込んだ。そのうち神経性の下痢と不眠に悩まされ、血の小便を垂れ流しながらも結局、取り憑かれてしまった。

それでも退屈したことは一瞬もなかったから、死後、たとえ極楽浄土に行けるとしても――本人は「たぶん行けないだろう」と言っているが――彼はこの阿修羅道に戻ることを望む、と明言する。

もともと「六本木筋」は、千五百人の構成員を擁して夜の六本木を闊歩《かっぽ》した暴力団「東声会《とうせいかい》」の町井久之を指していたのだ。だが、町井が小豆相場で失敗した後、彼とやりあっていた長谷川がそう呼ばれるようになってしまったという。

ちなみに、町井は小豆相場をめぐって、ある商品先物取引会社と争った様子を日記に残している。その中で、東京の闇社会を仕切った彼が、この先物会社のことを「悪徳商人」と表現している。そして、この係争の仲裁に元農水相・中川一郎の秘書だった鈴木宗男が立ったことを嘆いていた。

いまシンガポールで生きる長谷川の身体からは、そうした名うての「悪徳商人」らと渡り合った自負、きな臭い妖気のようなものが、立ち上っている。

彼を「先生」と敬愛する古手の相場師Ｉは次のように語る。

「相場の世界で成功する人は結局、ゼロですよ。その中で生き残ったのがあの方なんです。長谷川先生は二〇〇七年の大豆相場でも確か百五十億円は儲けられましたよ」

さらにこう付け加えた。

「戦士、つまり相場師たちがどのような戦いをしたのか、それを知らないと、先生の凄さはとうてい理解できないね。あの方は最後の天才だから」

そうして儲けたカネを手に、長谷川は二〇〇八年にシンガポールにやってきた。富裕層を優遇する「オフショア金融センター」（課税優遇地）であることを知っていた。この小国は、彼の最後の勝負の場なのだ。

両脇の携帯電話に目を落としながら、彼は話し続ける。四台の携帯電話とｉＰａｄを持っていた。現在の拠点に加え、東京・銀座などにも「軍団」と呼ばれた部下らを残し、彼はマレーシアやフィリピンの不動産仲介業と投資を続けている。すでにシンガポールの永住権を取得し、東京・大手町に保有していた金融会社も約五十億円で売却していた。

「相場の世界はひどいんだよね」

と長谷川は言う。

「本当に見てられないくらいひどい。青山にマンションを買ったりしてた奴なんか、今はもう乞食のようになっちゃって。みんな相場でやられていなくなった。だから電話に出たら、『カネ貸してくれ』という奴が結構多いです。貸してくれっていうけど、貸したらもう返ってきませんよ。だって、俺たちの（仕手戦の）場所はないんだから。インターネットの時代だ。もう東京でカネを取り返すことなんかできないんだ」

「相場師は相場でやられるか、脱税でやられるかどっちかだったよ。大損したり脱税で捕まったりね。『（税務署に）カネを払うぐらいなら刑務所に入るわ』と言って、獄中死した奴もいたんです」

相場師の世界は、裏切り、合従連衡《がっしょうれんこう》、何でもありの世界だった。その彼らも国税組織には勝てずにきた。

前述の相場師Iは、自身のホームページ上で、こう告白している。

〈(私は)六億円も儲けながら国税局の税務調査を受け、重加算税と追徴金で大変な思いをした〉

二十六億円の所得隠しで逮捕された商品先物取引会社社長もいる。長谷川と同様に、小豆相場で大儲けしたこの社長は「常勝将軍」と呼ばれ、一九九一年から三年の間に二十六億円の利益を挙げた。しかし、最後にマルサ(国税局査察部)に約十億の脱税容疑で告発され、「怖いのは国税だけ」と漏らした。

今では生き残った先物相場師を探すこと自体が難しい。その意味でも、七十歳を前にして異国で勝負に挑もうとする長谷川は稀有《けう》な存在ということができる。彼がこの地を最後の勝負地に選んだ理由が五つある。

一つ目は永住権が簡単に取れたことである。シンガポールには当時、「FIS」(Financial Investor Scheme)という移住プログラムがあり、資産が二千万シンガポールドルを超え、シンガポールで五年以上、一千万シンガポールドル以上の資産を保持できる外国人には永住権が与えられていた。ちなみに永住権を取得すると、外国人でも兵役の義務が生じる。そのために子供の永住権取得をあきらめる富裕層もいるが、彼が当地で同居しているのは末娘だから、その悩みもない。

長谷川に言わせれば、シンガポールはカネか頭か、どっちかを生かせば永住権が取れたのである。

二つ目に、香港の不動産が一九九七年に急騰したのを見たからだという。香港の不動産価格を上げたのは中国の富裕層で、彼らはその後、シンガポールに向かった。「いつかシンガポールに向かおう」という野心が、長谷川をこの富裕層大国に転進させた。

三つ目が先物相場から手を引くためだという。

「相場師っていうのは吉原の女郎みたいなもので、普通の生活には戻れず身もだえするところがある。でも六十歳過ぎるとやめなくちゃいけないんだ。だから、シンガポールに来るっていうのは相場の世界から遠ざかる一歩であったわけですね。そばにうろちょろ相場やる人間がいたら、ついやってしまうじゃないですか」

四つ目が末娘の教育のためだ。「三十歳ちょっと歳の離れている」という妻との間に生まれた。彼は五人の子供に恵まれ、四人は日本や中国に住み、末娘はシンガポールの名門小学校に通っている。世界的な投資家でシンガポールに移住したジム・ロジャーズの子供も通っているが、長谷川の娘はその学校で二番の成績なのだ。

愛情を注ぐその末娘に、彼は海外資産を残すのだと言う。彼が日本を脱出した五つ目の、そしてたぶん、最大の理由はそこにあると思われる。「五年ルール」を活用した海外資産の完全相続である。子供が幼いことが彼の気力の源となっている。

「わかりやすく説明するためにいま、二億円の貯金と評価額三億円の土地を子供に相続したとしますね。相続税を五十％、一応控除はないと仮定すると、日本では相続税を二億五千万円も払わなきゃならない。二億の貯金を全部、お代官様に差し出した上に、なおかつ土地を売らなきゃならないんだ。でも、相続人も被相続人も海外に五年以上出ていれば海外資産はあれなんですね」

「あれ」とは「ゼロ」という意味だ。シンガポールには相続税はないから結局、税金はかからない。

「シンガポールの法律ですと、遺言書が最優先です。だから海外資産は全部受け継がせることができる」

長谷川の説明は実践的で明快だ。日本からの不動産投資を勧誘し、一方でこの国を拠点にすることの優位さを説いてきたこともある。

しかし、彼の説明を待つまでもなく、投資を呼び込みたいシンガポール政府が国を挙げて「オフショア」のメリットを世界中に発信したため、世界中の富裕層がこの小国になだれ込んだ。日本人の移住組が目立ち始めたのは、シンガポールの一人当たりGDP（国内総生産）が日本を抜いた二〇〇七年ごろからだ。

その大量流入が始まる前の二〇〇五年に永住権を得た現代の相場師がいる。オーチャードレジデンスに住む阿部公久である。仙台出身で一九九一年に京都大学経済学部を卒業した。十数億の資金で株や債券を売買する個人投資家である。

「ミスター・redbeans」の長谷川が血の小便を流しながら先物相場で仕手戦を繰り広げたと言うのに対し、阿部はトレーディングルームでクールな相場師を演じて資産を築き、長谷川よりも一足先に当地に辿り着いた。

当地で二、三百人と言われる日本人のニューセレブは表には出てこない。「目立つことをすれば、海外資産の把握を急ぐ国税庁に狙い撃ちされてしまう」とも言われている。

ところが、トレーダーの阿部は、ツイッターで自分の生活や意見を公表していた。フェイスブックで交遊を広げ、取材者の前にも平然と現れる。ツイッターに自身の写

真を張り付け、プロフィール（自己紹介）には、

〈Singapore在住の投資家？　投機家？　実際は酒飲んでゴルフしてるだけだな。。。。〉

と記していた。

一流ホテルのロビーでも、彼は金髪にあごひげ、デニムのハーフパンツで闊歩する。他人の目を気にしていないのだ。ぴったりしたルイ・ヴィトンの半袖シャツに、鋲《びょう》が靴全面に打たれたローファーを履き、はにかむような笑いは三十代にしか見えない。派手な靴はクリスチャン・ルブタンだ。

これは二〇一三年八月のことだが、阿部はシンガポールの富裕層や金融関係者を仰天させている。NHKスペシャル『〝新富裕層〟vs.国家～富をめぐる攻防～』に、真紅のフェラーリ「458イタリア」で登場したのだった。妻との二人暮らしや、六台のモニターをめぐらせた自宅のトレーディングルームまで明らかにしている。

彼の住居であるオーチャードレジデンスは、BOSの顧客である「あがり」のM氏の住まいとしてすでに紹介したが、阿部の二百㎡を超す居室は中層階にあって、不動産業者らによると六億円はするという。

彼はシンガポールの新富裕層が集う「フェラーリクラブ」で唯一の日本人のメンバーだ。華人の医師や弁護士に加え、ＩＴや金融で財を成した起業家たちがフェラーリという趣味で結ばれ仲間を増やしている。シンガポールや隣国マレーシアには、ハーレーダビッドソンのクラブもあるという。

こうした新富裕層に対して、シンガポールの庶民が嫉妬心や不快感を抱かないわけがない。物価や不動産価格は急騰する一方なのだ。

特に二〇一二年五月、中国人投資家が乗ったフェラーリが暴走し、タクシー客ら三人が死亡して以来、庶民の格差社会に対する反感が強まり、かつてない抗議集会まで開催されていた。

阿部個人も「フェラーリクラブの新富裕層」とＮＨＫで紹介された後、ネット上でバッシングを受けた。しかし、彼はその後もツイッターで自分のセレブライフを淡々と明かしてきた。例えば次のように——。

〈取り敢えずＭＰ４‐12Ｃの１０００㎞の慣らし終了。どうしても初期加速時のフロントの浮き具合が気になる。カーボンパーツ取り寄せたけど、フロントのエアフローの解析が済んでいないので、リアのディフューザーとエアブレーキだけインストール

しようかと思う。３００㎞超えると、やはり怖いからね〉

ＭＰ４‐12Ｃとは、当地で一億円以上もする白いマクラーレンのことだ。今はこれに乗っていて、「４５８イタリア」に代わる新たなフェラーリ「４５８スペチアーレ」を注文したと公言していた。以前の４５８イタリアよりもさらに一千万円以上も高い。

その彼に「永住権を取らないか」と打診したのは、中央銀行に相当するシンガポール金融管理局である。この国が彼の資産と能力を求めたと言うこともできる。

阿部は一九九一年にクレディ・スイス・ファースト・ボストン証券（現クレディ・スイス証券）に入社し、転職先を含めると、十三年間、外資系のトレーダーとして働いていた。日本での阿部は、会社からタクシーで五分足らずのところに住み、朝起きるとまたタクシーを拾って会社に通った。寝る時間以外は止まることなく働き、二十代ですでに年収は億を超えていた。

その彼の姿は、幸田真音のベストセラー『日本国債』にも描かれている。ニヒルで辣腕《らつわん》のトレーダー・古賀公久のモデルである。

カネを元にカネを稼ぎ出す生活。その毎日に疲れて仕事から解放されたいと二〇〇四年にシンガポールを訪れ、阿部は移住を決意する。この国には、キャピタルゲイン課税やインカムゲイン（配当や預金利息）課税もない。自分のカネにほとんど税金がかからず、ビジネスインフラと生活環境も快適に整っているからだ。翌年に永住権を取って、「オフショア金融センター」のメリットを享受できる新富裕層の仲間入りをしている。

阿部は自身でポートフォリオを組み、多額の資産を分散運用している。短中期の投資で年間六％ほどのリターンが目標だ。本心を言えば、マーケットは好きではない。胃が痛むのだ。若いころと違って、あえて臆病に運用するのが彼のスタイルだ。男気のあるディーラーというのは結局、死ぬのだという。

「恐れを知らず、どうだ、すげえだろう、俺はこんなポジション取っているんだぜとやっていると、うぬぼれがあったり、細かいところが見えてなかったりする。そして大事な時に動けなかったりするんですよ」

運用で一億円という資金を失ったり、マリーナ・ベイ・サンズのカジノにはまって一千万円ものカネを失ったりしたこともある。事業に投資して失敗したり、経営していたバーを閉めたりもした。しかし、焦らずに遊び、稼ぎ続ける気持ちを失えば富裕層大国で生きていけない。

「もっと稼いでいこうとすること自体に成功があるような気がする。十分だという気持ちがないんです。もっともっと勝ちたい。勝たなければいけないと思う。やっぱりそれが仕事だから」

能力のある人間はしばしば人と違う金儲けや遊びをする。そうした異能と突出した人材を祖国はなかなか認めないが、シンガポールは逆に歓迎した。当地には阿部のようなトレーダー関係者が十数人も流入しているという。

かくして、人材とカネ、そして税収は日本からオフショアへと流れる。

第五章　国税は見ている

1 天災は「買い」だ

福島第一原発一号機が爆発したのは、東日本大震災が起きた翌日、二〇一一年三月十二日午後三時三十六分のことである。

爆発を捉え、最初にその映像を流したのは、福島中央テレビだった。第一原発の南南西の山中に設置した無人カメラが、大爆発で建屋が吹き飛び大量の白煙が上がっている光景を映し出していた。

福島原発事故独立検証委員会の調査・検証報告書によると、官邸五階にある総理執務室で、その映像を見た首相の菅直人は仰天して言った。

「あれは白煙が上がっているのか。爆発しているじゃないですか。爆発しないって言ったじゃないですか」

そばにいた原子力安全委員長の班目《まだらめ》春樹は、「アー」と前のめりに頭を抱えた。

情報を握る官邸がそんな有り様だったから、シンガポールから日本に出張していた二人のBOSバンカーが、電話で混乱したやり取りを交わすのは無理からぬことだった。先輩のバンカーはテレビを見ながら携帯電話に向かって叫んだ。

「杉さん、大変だ！　今、福島原発が爆発してるよ。ＣＮＮが映像を流している！」

電話の声はひどく切迫していて、深刻な響きがこもっていた。「杉さん」と呼ばれた杉山智一は、「えっ」と小さな声をあげて立ち上がった。

杉山はたまたま日本に出張の予定があり、東日本大震災が起きた夜にシンガポールを発って、東京のホテルに辿り着いていた。それも大震災の翌朝に成田空港に着く予定だったのが、成田空港の混乱で羽田空港に回り、さらに空港や品川駅の大混雑に行く手を阻まれて、ようやくホテルに行き着いている。一方、彼の先輩は杉山よりも先に日本に出張しており、都内で大震災の直撃を受けていた。

二人は終日、テレビやネットのニュースにくぎ付けになっていた。先輩バンカーは、米国のＣＮＮをつけてみるように促した。

「これは危ないよ。日本のテレビは原発の爆発を流してないようだ。僕はアポをキャンセルしてシンガポールに帰る。杉さんも早くシンガポールに戻った方がいいよ」

彼らの心の中には、日本政府やテレビ局は原発被害について核心情報を抑制しているという思いがある。最初に報じた福島中央テレビも映像を流しながら、

「福島第一原発一号機から大きな煙が出ました」

と繰り返し、「爆発」という言葉をあえて避けていた。実際は、大震災による津波で冷却装置が故障し、六基の原発のうち、運転中だった一〜三号機がメルトダウンを起こしていたのだ。さらに、原子炉で発生した水素が漏れ出し、一、三、四号機の原子炉建屋が爆発していた。二人のバンカーがテレビで見た爆発である。大量の放射性物質が広範囲に漏れ出て、土壌や海が汚染されていた。

慎重な報道を続ける日本メディアに対し、外国メディアや米国など一部の在外大使館は、それを世界最大級の原発事故と捉え、関東地域まで放射能に汚染される可能性に言及していた。対照的な対応の差が「日本政府や日本メディアはあてにならない」という認識につながり、外国人たちが次々と国外脱出する事態へと発展していった。

杉山の先輩もその一人だった。

ところが、杉山はBOSジャパンデスクの桜井からこんな指示を受けていた。

「火事場泥棒というわけじゃないけど、シンガポールへの移住を考える人もいるだろうから、お前は日本にいろ。これはチャンスでもある。俺はマネージャーという立場だから、そちらには行けない」

他人の不幸に付けこむハゲタカのような言葉だったが、桜井が特にひどい人間というわけではない。大震災をビジネスチャンスだ、と捉えた冷徹な経営者や投資家は、新聞業界から建設業界に至るまでたくさんいたのである。

シンガポールに移住した世界的な投資家ジム・ロジャーズは、

「Buy disaster.（天災は買いだ）」

を信条とした。そして、東日本大震災翌日には日本株を買い増している。また、財務相だった野田佳彦はNHKの番組で、デフレからの脱却策について問われ、こう語っている。

「震災の復興需要をどう満たしていくか、そういう観点からすると、まさに千載一遇のチャンスだ。そのことをわきまえた対応が必要だ」

桜井は率直な男だった。自ら乗り込む代わりに、杉山に危険地帯でのリアルな情報と富裕層の動向調査を求めたのだった。

実際に東日本大震災の後、日本からシンガポールへの移住者や資産移動が急増している。BOSではかつて一ヵ月に一人程度だった日本人の新規顧客が、大震災以降、五十人から六十人に上るようになった。福島だけでなく東京も危ない、という意識が富裕層に決断を促したのだろう。「大震災で日本を見捨てた富裕層」という特集を組んだ経済誌もあった。

シンガポールで百万米ドル以上の投資可能な資産を保有している富裕層を見ると、二〇一一年に九万一千二百人だったのに、翌年には十万五百人、二〇一三年には十万五千百人に、二〇一四年には十万七千四百人と確実に増えていた。これはフランスのコンサルタント会社とカナダの証券会社が共同で行った「ワールド・ウェルスレポート」の数字だが、そこに日本人の資産家も相当数含まれているはずで、桜井の読みはそれなりに的を射ていたのである。

日本に留まるしかなかった杉山は、富裕層との面談を求めて一ヵ月間、東奔西走した。震災で被害を受けた顧客もおり、経営者たちは電力危機にも直面して資産の保全や事業の存続に悩んでいる。そのため、事前に組んでいたアポのほとんどはキャンセルされてしまっていた。電話を入れてもこんな言葉が返ってくる。

「東京もどうなるかわからないから、西の方にしばらく行くよ」

「僕は避難するよ。海外に行こうと思っている」

この機に長期旅行に出た顧客もいた。桜井からは日本はどうなっているのか、と頻繁に電話が掛かってくる。しかし、面談の約束を取り付けようとしても、「それどころじゃないよ」と機先を制されて、金融商品の話題を持ち出したり、「資産をシンガポールに移してはいかがですか」といったセールスをするような雰囲気ではなかったのである。

「これから日本はどうなるんでしょうね」

「みなさん、被害はいかがでしたか」

漠然とした話をしたり、顧客の本業の行方を憂《うれ》えたり、テレビで知ったFNSチャリティキャンペーンに応じて五万円を寄付したり、そんな日々だったのである。形に表れた仕事と言えば、せいぜい税理士や知人に依頼して富裕層対象の移住・投資セミナーを開いたぐらいであった。

彼は毎日、大型のスーツケースを引っ張ってホテルを転々としていた。その夜の仕事場に近く、かつ一番安いホテルをインターネット予約サイトで探して泊まっていたのだった。

節約には理由がある。ホテル代は会社負担だが、BOSなどの外資系プライベートバンクのボーナスには明確な計算式がある。杉山が稼いだ収益から年俸や出張費、通信費を引き、残りの十五％から十八％がボーナスになる。収益を挙げると同時に経費を抑えないと、ボーナスの金額にはね返ってくるのだ。それに、日本滞在がいつまで続くかわからなかった。

さらに、「仕事もできないのに経費だけは幹部並みだな」と難癖《なんくせ》をつけてくるボスがいるから、飛行機もエコノミークラスに乗っていた。

日本は震災後、長期にわたって計画停電や節電のためにエスカレーターなどが動かなかった。そこを大型スーツケースを持って走り回っているうちに腰を痛め、病院通いをする事態になってしまった。診断は、椎間板《ついかんばん》ヘルニアと脊柱管狭窄症《せきちゅうかんきょうさくしょう》。座っていても足の先までしびれ、注射を打ちながら働くことになった。

そこへ桜井からメールで依頼が来た。震災の被災者のためにBOSジャパンデスクで赤十字に寄付するから、バンカーは一万シンガポールドル（約六十三万円）ずつ出してくれ、というのだ。

このころ、シンガポールでは二十四歳の女性エレイン・ローが、百万シンガポールドル（約六千三百万円）を日本大使館を通じ寄付して大きな話題になっていた。大使館が受け取った義援金の中で桁違いの金額である。彼女の父親はインドネシアで炭鉱を経営しており、それは彼女の個人資産だった。シンガポール政府も五十万シンガポールドル（約三千二百万円）の支援を表明し、日本人社会も募金の気運が高まっていた。

ＢＯＳの同僚たちに聞くと、「募金は自主的にするものではないか」という声が上がっているという。といっても誰もボスの依頼に逆らうことはできなかった。

――自分は安全地帯にいて、戦地に送り込んだ兵隊には撤退するなと言う。それでいてカネを出せとはひどいじゃないか。募金ぐらいは自分で決めるよ。

自分がチャリティに出した募金を蹴飛ばされたような気になって、杉山は奥歯を噛みしめた。

このころには、ＢＯＳ入社時に桜井が話した言葉の意味がようやく呑み込めていた。

「ここでは英語が下手でもかまわない」とボスは言っていた。その方がずっと扱いやすいということなのだ。英語力がなければ他のプライベートバンクにスカウトされる心配がないし、万一、転職できたとしてもＢＯＳから顧客資産を引き抜くことが難しい。資産移管手続きには英語の書類を読み込む語学力が不可欠なのである。

震災から一ヵ月間、富裕層の混乱を見届け、ヘトヘトになってシンガポールに帰ってきた。すると、日本から「A社長」がやってきた。桜井はジャパンデスクのメンバーを動員して歓迎会を開いた。その席でA社長に声を掛けた。

「この杉山はだめな奴だと思ってるんですけど、これからどうしますかねえ」

BOS入社から一年近く経ったので、クビにするか、それとも継続契約をするのか、迷っているという口調だった。杉山は三十億円ほどの資産を集めている。ノルマの一億ドルの三分の一に過ぎないが、「まだクビにされるわけがない」と思っていた。杉山がのらりくらりと引き延ばし、それに震災の混乱もあって自分の顧客を吐き出していないことは明らかだった。桜井はここで杉山の尻を叩き、もう少し資産を集めさせようとしているのだ。すると、A社長が杉山に向かって低い声で言った。

「お前しっかりやれよ。心配してるじゃねえか、上司が」

杉山はここでは使い捨てのバンカーなのだ。だから、正体がわからない部外者に意見を聞き、解雇通知をちらつかせる。しかし、自分は流されてばかりいるバンカーではないぞ、と彼は思っていた。

その直後に、彼の決心を促す〝事件〟が起きた。

桜井から突然、ＢＯＳグループの投資信託を売れ、というメールがバンカーたちに届いたのだ。それはＢＯＳグループ傘下の投資顧問会社が発行した投資信託で、杉山に届いたメールには、とうてい達成できるわけのないノルマが記されていた。

〈すぐに二十億円分を売ってほしい。片っ端から電話を掛けて営業に全力を尽くすように〉

杉山の顧客のほとんどは日本にいる。そこへ電話を入れて投信を売れ、というのである。

――この人は二十年前の野村證券と同じやり方をしている……。

上司に返信をしないわけにはいかないから、とりあえず、〈何とかできるよう頑張ります〉と書いて、ボスの部屋を覗いた。そこに桜井はいた。

桜井は同じオフィスにいながら、しばしばメールで指示をしてくるのである。しかも、杉山へのメールにバンカー全員のアドレスをＣＣ（複数指定コピー）で入れていた。みんなが読むメールにすることでハッパをかけ、時にこき下ろす。

〈杉山君へ　君は何をやっているんだ〉

〈今日中に必ずこれを達成しなさい〉

実現不可能な命令をしていることが、ジャパンデスクの同僚たちにはわかっていた。だが、独裁者に意見できる者はいなかった。

桜井はその日、外出先からもブラックベリーで執拗《しつよう》にメールを送信してきた。

〈進捗《しんちょく》はどうだ〉

〈今、いくらだ〉

〈(ノルマは達成)できたのか〉

そして、こう送られてきた。

〈やらないと、君の存在価値はない〉

杉山はバカバカしくなって、定時の六時に退社してしまった。すると、先輩のバンカーから電話が掛かってきた。

「杉さん、どうした。今、(ノルマは)どこまでいったの」

桜井が電話を掛けさせたのだろう。その言葉を聞いて、一気に頭に血が上った。目の前に濁った川があった。

「今、僕はシンガポールリバー沿いにいます。飛び込もうかと思ってるんです!」

先輩は慌てて怒鳴った。

「杉さん、杉さん、ちょっと落ち着いて」

「いや、メールを見てわかるでしょう。こんなの無理なんで、僕はもうだめですわ」

「まあ、待てよ」

あわてて言葉を二言三言足して、ふいに先輩は黙り込んだ。思いついたように猛烈営業を強いられた経験が、彼にもあるのだ。

結局、その日のノルマは立ち消えになった。だが、杉山は二度と思い出したくなかったノルマ営業をやらされて、猛烈に腹を立てていた。

——こんなことをしていても人生の無駄遣いだ。

杉山は次のステップを考え始めていた。

2　潜伏する美人調査官

杉山が震災の日本からシンガポールに帰国したころ、ある噂が富裕層や金融関係者の間に流れていた。

「日本の国税調査官がシンガポールに潜り込んでいる」

というのである。

シンガポールは言論や集会の自由が認められていない国で、「ネイバーフッド（隣近所）に気をつけろ」という言葉もある。情報管理が徹底しているのだ。「国民総背番号制」が外国人にも実施され、「事件が摘発される時には、たいてい近隣からの密告がある」とも言われる。その息苦しさに加えて、日本人富裕層の多くが、依然として国税庁の調査圏内にある。シンガポールに移住した後も一部の金融資産や不動産を日本に残しているのである。それが利息や賃貸収入を生んでいると、シンガポールに住民票を移していても日本の税務署に確定申告が必要なのだ。

だから、カッページの居酒屋などでこんな愚痴が漏れる。

「シンガポールにも税務署の人間が追いかけてきてるらしいよ。いやらしいなあ」

英国系プライベートバンクの幹部が言う。

「シンガポールは日系企業が集中する東南アジアのハブ（拠点）ということもあって、三人ほど潜伏していると思います。調査の中心は日系企業なんでしょうが、新富裕層の税務調査も当然やっていますよ。ただ、国税庁の調査官と言っても、ここでは調査権限を持っていませんから、探偵のようなものじゃないですか」

彼は約三万人のシンガポールの日本人社会に情報網を張り巡らしている。日本人会やシンガポール日本商工会議所、若手起業家のパーティなどにも頻繁に顔を出し、国税調査官が潜伏しているという確証を得たという。

「その拠点が日本大使館なのか、ＩＲＡＳ《アイラス》（Inland Revenue Authority of Singapore＝シンガポール内国歳入庁）の中に詰めているのか我々にはわかりませんがね」

日本の国税組織はニューセレブにとって容易ならざる相手だ。富裕層の海外逃避に対抗して着々と手を打ってきた。二〇〇三年に米国との間で新租税条約を結んで以来、三十四の国や地域との間で租税条約を改正したり、締結したりして脱税情報の交換と蓄積を図っている。

その中には、タックスヘイブン（租税回避地）として知られるケイマン諸島やリヒテンシュタインなどとの租税情報交換協定も含まれている。シンガポールとも二〇一〇年にＩＲＡＳとの間で租税協定を改正し、両国の情報交換制度を確立させていた。

国税庁が海外の資産もすべて掌握《しょうあく》するというところまで来ている――第四章で登場した元先物相場師の長谷川陽三はそう考えている。

「それはアメリカの真似なんだけども、日本も財政状況が課税強化をしなければならないところまで追いつめられているからね。カネはあるところからしか取れないんですよ。お代官様は『逃がしてなるものか』と考え、持っている人間は『どうにかして逃げよう』とする。自然の摂理だよ。どうしても逃げる方がイリーガル（違法）になっちゃうが、私は日本できちんと納税した後、『堂々と（海外に）逃げろ』と言っているんだ」

しかし、国税庁相手に、堂々と逃げた後、その尖兵《せんぺい》である国税調査官が海外に追いかけてきていたら――。

シンガポールの金融街で、彼女は明るい空を見上げるように白く長い首を伸ばした。その後ろには、椰子の木に囲まれた二十一階建ての香港上海銀行（ＨＳＢＣ）ビルが聳《そび》えている。

濃紺の丈の短い上着にローラ・アシュレイ風のワンピース。長い黒髪は毛先を内巻きにブローしていた。それが、シンガポールの新富裕層や金融関係者が警戒する国税庁の〝潜伏調査官〟の実像だった。

寺田裕子は一九九五年度の国税専門官（大卒）採用で、二〇〇九年六月に国税庁国際業務課からシンガポールに送り込まれていた。街中が「ヘイズ」と呼ばれる焼畑スモッグに覆われ、白く霞《かす》んでいたころである。インドネシアの焼畑農業の煙が乾季の季節風に乗ってシンガポール海峡を渡ってくるのだ。

潜伏調査官の実像は意外なところで明らかになった。二〇一二年度の国税専門官採用案内パンフレットに、マーライオンの前で撮った寺田の記念写真が掲載されたのだった。

国税庁は、女優の本仮屋《もとかりや》ユイカに似た可憐な容姿とキャリアに着目したのであろう。彼女の特殊任務は二〇一二年六月末で三年を迎え、ようやく終わろうとしていた。国税庁の人事異動は毎年、確定申告の事務が一段落した七月上旬で、六月中に内示が行われるのだ。異動するのだから素顔をさらしても問題ないと、国税庁では考えたのであろう。

いずれにせよ、彼女はモデルを引き受けたのだった。ルイ・ヴィトンのバッグを肩にポーズを取って、募集パンフレットの中で彼女は、「国税専門官は国際舞台で能力を発揮するチャンスもあります」と呼びかけ、こんなコメントを寄せていた。

〈経済取引のグローバル化により、以前にも増して国際取引が進展しており、特に、日本と経済的つながりの大きい国における情報収集や、税務当局との協力関係強化が重要となっています。

国税庁では、これらの国・地域に職員を派遣しておりますが、現在その一人としてシンガポールに派遣されています。日本とシンガポールの間では、それぞれの国が税務調査等において自国で情報収集ができなかった場合、相手国税務当局に対し、情報を提供するよう要請ができます。これは税務調査における有効な手段であるため、必要な情報を迅速に入手できるよう、シンガポール税務当局と連絡を密にし、協力関係の強化に努めています。それに加え、シンガポールの税制・税務行政に関するリサーチ業務も行っています〉

驚いたのは、当地の金融関係者である。国税庁のサイトでこのパンフレットを読んだ者がおり、波紋が広がった。

「えっ、女だったのか！」

海外進出企業や新富裕層を監視する国税調査官が、狭いシンガポール社会で時折、素顔を垣間見せる時があった。

ＩＲＡＳに人脈を持つ金融関係者は、こんな話を聞かされていたという。

「国税調査官たちが時折、集まっては会食を重ねている。会合の場所はシンガポール川沿いのレストランだったり、ブランド通り裏手の居酒屋だったりするが、たいていは三人でいる」

プライベートバンカーの間で、「三人ほど潜伏している」という情報はたぶん、これがもとになっている。実はこの三人のうちの女性が寺田だったのだ。あとで調べたら、残る二人は日本大使館出向の官僚と東京証券取引所シンガポール事務所の駐在員だったという。

シンガポールは女性差別がない。女たちがオフィス街を闊歩している。

その人波の中に寺田はいた。

3 「長期出張者」の特殊任務

国税庁は外国に派遣した調査官たちの実態を明かしたがらない。だが、このパンフレットがきっかけとなって、彼らの特殊任務や実態が少しずつわかってきた。寺田たちは、国税庁で「長期出張者」という扱いである。国際業務課に籍を置き、世界十八都市に「現地事務所」と呼ばれる拠点を構えている。

送り込まれた先は、ワシントン、ニューヨーク、ロサンゼルス、オタワ、ロンドン、パリ、ボン、ベルン、アムステルダム、ソウル、北京、上海、香港、ジャカルタ、バンコク、マニラ、シドニー、そしてシンガポールである。

そこは大使館など在外公館ではない。民間のマンションの一室を借り上げ、パソコンやファックス、コピー機、車などを備えて住居兼事務所としているのだ。

総勢約二十人。このうち二人は、多国籍企業の国際的租税回避スキームを解明する「国際タックスシェルター情報センター（JITSIC＝ジトシック）」に送り込まれていた。これは米英豪加で設立され、ワシントンとロンドンに秘密のオフィスが置かれていた（現在は廃止）。

「長期出張者」にはいくつかの共通点がある。まず、出張といっても二、三年間、任地に身を潜める特殊任務であることだ。海外赴任手当は出ない。出張旅費と日当、宿泊費が支給されるだけだ。派遣される多くが三十五歳前後のひとり身である。

彼らの多くは語学に長《た》けた大卒の国税専門官出身である。ノンキャリアの彼らは税務署勤務の後、全国の国税局で大企業を担当する調査部や脱税摘発専門の査察部（マルサ）などに勤めて勤務評定を受ける。そのうち、選抜試験で合格した優秀者が毎年、埼玉県和光市にある国税庁の税務大学校に研修生として集められた。

国際租税セミナーや研修を受講させ、国際調査官として養成し直すためだ。基礎コースを二ヵ月、その後に選抜された者がさらに四ヵ月間、実務研修を受ける。多国籍企業の海外取引や国際課税調査手法をここで叩き込まれる。

国際調査官という官職があるわけではないが、国際畑を歩む調査官は一般にそう呼ばれる。彼らの実戦の場が前述の「長期出張」である。中小企業までが国際進出を目指す今、国税ノンキャリア組の出世コースだ。

彼ら「長期出張者」は、「OFFICIAL　PASSPORT」と記された緑色の公用旅券を持たされ、任地に向かう。日本のパスポートはおおむね三種類あって、一つ目が民間人に交付される十年有効のエンジ色のもの、二つ目が焦げ茶色の外交旅券、三つ目がこのグリーンパスポートだ。それは国の用務のために外国に渡航する者であることを証明するだけで、当然ながら滞在国の主権を侵すことは許されない。

彼らは日本国内では調査官として税法に明記された質問検査権に守られ、それを支えに会社側に帳簿や領収書、書類の提示を求めてきた。調査官の場合は、強制調査権限を持つ査察官と違って、任意調査しかできないが、調査対象者が質問への回答を拒んだり虚偽の答えをしたりすれば、一年以下の懲役または五十万円以下の罰金が科せられるから、これを武器に女性であっても悪質な脱税者と渡り合える。ところが、「長期出張者」の場合は武器となる権限は与えられない。

大使館など在外公館に勤務するのであれば、外交旅券〈DIPLOMATIC　PASSPORT〉と外交特権が付与される。だが、国税庁は調査官を在外公館勤務にしてしまうと、外務省の管轄下に入り、独自の活動ができないため、「長期出張」という形で海外に配置しているのである。

国税庁がIRASと租税協定を改正することで両国の情報交換制度を確立させていることは既に述べた。「長期出張者」はその制度を最大限に生かすための尖兵である。

前述の寺田裕子の場合だと、彼女はその前任者が活動拠点にしていた「現地事務所」を解約し、IRASに近い賃貸コンドミニアムを借りていた。IRASは当地に進出した日系企業や新富裕層の税務情報と最新の動きをつかみ、管理している。そのIRASに日参して人脈を広げ、貴重なマネー情報を日本の国税庁に届けるためだったという。

そのコンドミニアムは、事務所と私的な部屋が分けられていたが、司令塔である国税庁や他国にいる「長期出張者」たちから昼夜なく電話やメールが飛び込んでいた。気の休まる暇がなかったようだ。公用車も貸与されており、その車を運転して仕事に出かける時が、あるいは息抜きになっていたのかもしれない。当地で寺田はかなりの数の日本人に接触していた。日本大使館や進出企業、日本商工会関係者から情報を得ることもまた仕事の一つだからだ。しかし、女性ということもあり、警戒心を抱いた者はほとんどいなかった。

従来、国税調査官は強面《こわもて》、怜悧《れいり》、精力的というイメージで描かれることが多い。女性となると、一九八八年の日本アカデミー賞を受賞した映画『マルサの女』の残像が強烈だ。宮本信子が演じる東京国税局査察部の女性査察官・板倉亮子は仕事一筋、そばかす顔に寝癖の残るおかっぱ頭で脱税者と闘う。

だが、シンガポールの寺田は、一線の税務署から東京国税局に抜擢されたところは同じでも、「キラキラ光線を放ちながら上手に相手の懐に入っていた。現地では日本大使館出向の官僚や企業幹部らと会食したりして情報を得ていた」と関係者は証言する。

「俺が助けてやらなければだめだ、と錯覚させて、構えさせずに情報を取っていく調査官でしたね」と語る同僚もいた。調査官として彼女は曲がり角に差しかかっており、上司はこの長期出張は一皮むける良い機会だ、と考えていたようだ。「長期出張者」は、役所から見ると、国外で税逃れを追及する尖兵だが、調査官個人の立場から見ると、武者修行の場でもある。

寺田たちが他省庁や企業の海外出張者と異なる点は、その出張期間が二、三年と長いうえに、素性を知られずに街に溶け込むよう求められていることだ。

その「長期出張者」の活動実態の一部が会計検査院によって暴かれたことがある。二〇〇六年、その出張旅費をめぐって国税庁の海外拠点が、厳しい実地調査やヒアリングを受けたのだった。

その後に公表された会計検査院の「平成十八年度決算検査報告」を丹念に読むと、「保秘《ほひ》」至上主義の国税庁にとって実に手痛い内容であったことが浮かび上がってくる。次のような趣旨である。

〈国税庁は、外国における税務行政、税制等の研究、公開情報の収集、短期出張者の支援等の用務を行う職員のために、現地で事務所を借り上げている。

この現地事務所は、事務室、居室等を備えていて、長期出張者は日当、宿泊費等の支給を受ける一方でこの現地事務所で宿泊し、ここを拠点に用務及びその用務のための活動を行っていた。旅行命令簿及び旅費請求書には現地事務所の所在地は記載されていなかった。国税庁は、平成十七、十八年度に米国のワシントン、ニューヨーク、ロサンゼルスに長期間出張させた計六人の職員に計三千九百十九万円余の旅費を払っていた〉

そして、会計検査院は、国税庁の「長期出張者」の日当、旅費の計算上の誤りを突き、この六人に払った旅費のうち計五百六十六万余円が無駄遣いにあたる——と指摘した。

ところが、この指摘は一般には全くといっていいほど知られることはなかった。マスコミ各社は例年通り、他省庁の無駄遣いは報じたものの、「長期出張者」に注目した記者は一人もいなかったからである。

ただし、検査院が指摘したために国税庁が特殊任務者を優遇することは事実上、不可能になり、その活動はさらに地味で目立たないものになった。

「いつも『うまくやれよ』と送り出していましたね」

国税庁国際業務課で彼らに指示を出していた元幹部が証言する。

「うまくやってくれそうな人間が派遣されるのですが、目立たないことが一番なんですよ。『長期出張者』がその国で活動をするということは、その国や日本の在外公館にとっては不愉快でまずいことなんです。主権侵害をしなければ当局も問題にしませんが、民間の居室を拠点に情報を勝手に集めて送ればスパイ行為と誤解されかねないですからね。各国との連携も機能し始めているので、その国との摩擦は絶対に避けてほしい」

彼らの任務について、別の元国税庁幹部は「情報収集活動」という表現を使う。

「現地でしか入手できない情報があります。また、所得隠しの企業や資産家が海外に置いた会社、不動産の所番地に行って現地の表札を見たり、登記簿を見たりするような個別の仕事もある。問題の会社が実は、現地の会計事務所内に置かれた登記だけのペーパーカンパニーであることは珍しくないですからね。

租税条約を結んでいれば、海外の税務当局に情報提供を求めるレターを持っていって協議したり、ＯＥＣＤ税務長官会議のような国際会議のアテンドをしたりと、本当に忙しい。だから公用車も与えられている。会計検査院の指摘以後、会計課が厳しいから、車が日本の三倍もするシンガポールでは、公用車といっても大衆車ですがね」

他にも彼らには重要な任務が与えられている。日本の国税局から出張してくる複数の調査官の海外税務調査を支援することである。

こちらは所得隠しを解明するための臨時出張で、「短期出張」として区別されている。海外調査の対象は日本の百％現地法人で、しかも日本の納税者側が調査に同意している場合でなければ実施できないが、それを拒めば厳しい追及を受けることがわかっているので、多くの場合受け入れられているという。「長期出張者」は現地で臨時出張の彼らを先導し、一方でその国の税務当局に通知して摩擦を起こさないよう奔走《ほんそう》しているのだ。

4 女優と「コクソウキン」

女優は青ざめていた。

税務署から「あなたにお尋ねしたいことがあります」という通知が届いたからである。「世間知らず」と芸能界では言われている彼女だが、思い当たるところはあった。シンガポールのプライベートバンカーの勧めを受けて、彼《か》の地で一億円を運用し、事情があってそれを日本の銀行に移し替えていたのだ。彼女は芸歴が長く、長者番付に登場するほどの資産家でもあった。その資金をシンガポールから引き揚げてから、税務署の通知が届くまでさほど時間が経っていない。

税務署の関心は、海外にあったその資金が申告されていないのではないか、ということである。

「困ったわ。どうしてこんなことになったの！」

女優は税理士や銀行員にあわてて相談した。問題にされた資産はそもそも裏金ではないという。顧問税理士たちは「日本から一度、シンガポールに移したものを日本に引き揚げただけだ」と伝えたが、税務署は納得しなかった。

たとえ、シンガポールに移した収入が表のものだったとしても、彼女が現地のプライベートバンカーに預け運用したことで、利子や配当など新たな収益が生まれている。税務的に見れば、彼女は女優を職業とする個人事業者であり、こうした運用益は、普通なら日本の国税当局に税務申告しなければならない所得である。

税務署は、シンガポールのプライベートバンクに送金した時点の口座記録、日本に引き揚げた際の銀行履歴、そして関連する出入金記録を提出するよう強く求めた。

「追及は実に執拗で疑念を抱いていたことがよくわかった」

と関係者は証言する。だが、結局のところ、追徴課税は行われなかった。シンガポールで膨らんだ運用益は、彼女の多額の経費と相殺されていると判断されたからである。女優側は毎月の衣装代だけで百万円以上も費やしていると主張し、これを含めて多額の必要経費が認められたのだった。

だが、胸をなでおろした女優には疑問が残った。

「なぜ資金移動の直後に、税務署の『お尋ね』が来たの。私は国税当局にマークされているのかしら？」

その理由について、関係者は次のように推理する。

「国税庁が張っていた国外送金等調書提出制度の網に、女優は引っ掛かってしまったのだろう」

国外送金等調書は、「コクソウキン（国送金）」と国税調査官たちに呼ばれている。一回に百万円を超す国内金融機関への入金や国外金融機関への送金があった場合、日本の税務署はその金額や入送金者名、目的を金融機関に報告させているのだ。つまり、女優の資金流入の情報を税務署にもたらしたのは、日本の銀行だったのである。

その金融機関からの報告に基づいて、税務署は納税者に質問文書を送り付ける。送金が多額であれば無申告の資金を国外に送ったり、秘密の国外財産を戻したりしたのではないかと疑っているのだ。

税務署の「お尋ね」を受けて素直に修正申告すれば単純な申告漏れで済まされるが、あくまで白《しら》を切り続けると、悪質な所得隠しの疑いを持たれ、厳しい追及と重加算税が待っている。

「コクソウキン」は、他国の税務当局担当者を「マネー情報が金融機関から自動的に手に入るのか！」と驚かせた追跡システムである。海を超えて百万円超のカネをやり取りするだけで金融機関から税務署に情報が入るのだから、税務当局にとって実に有効な監視手法ではあった。

国税庁の追及はさらに、百万円以下の海外送受金についても及んでいる。マルサは強制調査権限を持つ国税局査察部のことだが、「ミニマルサ」と呼ばれる国税局資料調査課は強制調査権を持たない代わりに定期的に金融機関に出向き、名寄せをして追跡を続けているのだ。一千万円を百万円以下に小口にして分散送金すればばれないと思っていても、国税は見ているのである。

ただし、「コクソウキン」という武器やミニマルサの網が力を発揮するのは、ほぼ国内に限られていた。多額の資金が海外で新たな所得を生んでいても、今回の女優のように国内に資金を戻さない限り、捕捉することは難しかった。

だから、「国税庁は内弁慶ですよ。そもそも国税当局の追及は国境を越えて執行することができないんですから」と高をくくるプライベートバンカーもいた。

彼らはまだ知らなかったのである。国税庁が富裕層の海外資産の多くを掌握する寸前まで来ていたことを。

二〇一一年以降の税制改正とOECD加盟各国との連携で、海外への税逃れに次々と歯止めをかけようとしているのだ。これはあくまでも「日本国内に住んでいる人々に限って」――つまり海外に移住してしまった日本人には効果がない――という但《ただ》し書《が》きがつくが。

日本の富裕層を驚かせたのが、二〇一二年度の税制改正に盛り込まれた「国外財産調書制度」である。

この制度は、海外に五千万円を超す資産を持つ国民に対し、二〇一三年度の確定申告から、海外資産の内訳明細書を税務署に提出することを義務付けたものだ。申告すべき海外資産は、国外支店口座にある預金に始まり、株式、債券、不動産、貴金属、国外で契約した生命保険に至る。

その特徴は、罰則付きで徴税の鞭を振りあげたところにある。海外資産について虚偽の申告記載をしたり申告書を提出しなかったりした場合、一年以下の懲役または五十万円以下の罰金が科せられるのである。

日本の個人金融資産は総額千七百兆円。ある外資系金融機関の関係者は「その一％としても十七兆円が海外に移動している。イタリアの場合などは五％が海外に流れていた」と語る。国外財産調書制度が本格的に機能しはじめれば、海外に流れていた巨額の個人資産の金額やその保全形態、そして課税を逃れていた闇資金が浮かび上がってくるはずだ。

実はこれまでも富裕層に資産を申告させる制度はあった。所得金額が二千万円を超える高額納税者には、確定申告書と一緒に、「財産及び債務の明細書」の提出が義務付けられてきた。ところが、こちらには罰則規定がなかった。そのため、明細書にデタラメの資産内容を記載していても国税庁は有効な手が打てなかった。

「あれは適当に書いておけばいいんですよ」

そう言う税理士もいたのである。

「ところが、国外財産調書制度は、富裕層に『財産目録を出せ』と脅しているようなものです」

と、外資系プライベートバンクの社長は語る。

「どんな対応をしたらいいか、教えてほしいくらいだ。震源の国税庁のマグニチュード（規模）がわからないんですよ。つまり、国税当局がその調書制度をどこまで活用して追及するつもりなのか。それをわれわれみんなが見極めたいと思っています」

国税庁の意に沿う姿勢を見せたのは欧州系プライベートバンクだった。国外財産調書の提出期限三ヵ月前の二〇一三年十二月、この銀行の香港支店から出張してきたプライベートバンカーは、札幌から福岡まで、旧知の資産家のもとを回って頭を下げていた。

「国外財産調書制度が導入されます。お間違いのないよう海外資産は必ず申告してください」

「どうしたの、君？　何かあったのか」

と戸惑いを隠せない資産家もいた。

税務上の助言は本来、税理士や会計士たちが行うことである。香港から来たバンカーは日本人顧客を担当し、ほぼ毎月のように来日しては資産運用を話し合う間柄だ。それが今回はまるで国税庁広報のような口調だった。

「本社の指示なんですよ」

顧客たちは彼のいる香港支店に数億から十数億円の金融資産を託し、税制改正にも敏感な地方の名士が多い。それを承知で出向かせた欧州系プライベートバンクの真意を、東京の同業者はこう推測した。

「『申告するように私たちは申し上げましたよ』という実績をつくるためですよ。実際に申告するかどうかは、お客さんの自己責任ですからね。欧米の一流どころのプライベートバンクは日本の税制が厳しくなったことをセンシティブに考えていて、説明したことを示す書面をもらったりしている。不祥事が金融機関の命取りになりかねない時代です。全米有数の会計事務所だったアーサー・アンダーセンが粉飾決算事件にからんで解散に追い込まれたこともあります」

前出の香港支店のバンカーは知人とこんな会話を交わした。

「本当に悩ましいよな。うちにとってこれまで一番いいお客さんが、今度は一番ヤバイ客になったんだからね」

「しかし、これまで節税のアドバイスもしてきたわけでしょう。『これからはもう知りませんから勝手にやって』とは言いにくいですよね。運用益を申告していない方々も多いですから」

アジアのオフショア金融センターの座をシンガポールと争ってきた香港。グレーな資金も受け入れることで膨張してきた。そのカネがどんな性質のものであろうと、カネを託してくれる富裕層は上客だったのである。

ところが、新制度が実施されたことで、富裕層が海外に隠す資産はバンカーにとっても危険な爆弾となった。富裕層は国税庁の踏み絵を踏むか、頬かむりをするかの決断を迫られ、彼らの申告次第で課税逃れが発覚しかねない。最悪の場合は芋づる式に資産を管理するバンカーたちにも嫌疑が及ぶ。

これに対し、国外財産調書制度の効果を疑問視する税理士もいた。東京や横浜にオフィスを構える「アミエル税理士法人」は、国税庁の海外調査能力の限界をホームページ上でこう指摘していた。

〈調書制度の導入で税務署が確実に海外資産を把握し、税逃れを防げるかは不透明です。調書を提出しなかったり、虚偽の記載があったりしても、税務署が過去に蓄積した海外の資産を把握するのは困難です。日本国内の銀行口座と海外口座との間で多額の資金のやりとりがあった場合には、金融機関が税務当局に報告する義務がこれまでもありましたが、すでに海外に持つ不動産で得た賃貸収入などを海外の口座にため込んでいる場合などは把握するのは困難と思われます。また、罰則の適用は故意であると税務当局が証明できる場合に限られ、簡単には罪に問えないのではと思いますが、今後の動向に注意が必要ですね〉

さて、富裕層はどう対応したのだろう。

国税庁の発表によると、制度施行時の二〇一三年申告分の「国外財産調書」の提出数は五千五百三十九件（財産総額二兆五千百四十二億円）に過ぎなかった。ところが、翌二〇一四年分は八千百八十四件（同三兆千百五十億円）と、五割も提出数が増えていた。

提出数が増加したのはなぜか？

二〇一三年分の申告は罰則が猶予されていた。つまり、その年の分については模様眺めをしていたが、二〇一四年分からは故意の不提出や虚偽記載に罰則規定が適用されるので、未提出者の一部が渋々と申告したというわけだ。

未提出者が申告した裏にはもう一つの事情がある。国税庁が本腰を入れて海外資産を把握しようとしていることが富裕層にはわかってきたのだ。

一般にはあまり知られていないが、二〇一五年度税制改正で国税当局は富裕層を狙い打ちする方針を鮮明に打ち出している。富裕層の海外資産を把握するため、国家間の「自動的情報交換制度」を導入し、海外への税逃れには、「国外転出時課税制度（出国税）」を創設したのである。国外財産調書制度の創設から三年後のことだ。

特に画期的なのは自動的情報交換制度で、二〇一七年以降、個人と非上場企業が海外に持つ金融口座の内容が、海外の税務当局を通じ、国税庁の「国税総合管理（KSK）システム」に入力されることになっている。国外財産調書をごまかしていればその時、国税庁がコンピュータに蓄積したデータがモノを言う。厳しい追及を受けるのは必至だ。

この自動的情報交換制度はOECD租税委員会が主導したもので、英、独、仏、シンガポールなど合意した百一ヵ国・地域の税務当局が非居住者の金融口座情報を相互に交換し合うことになっている。

情報交換の時期は二〇一七年から実施する国とその翌年から実施する国に分かれているが、シンガポールを例に取れば、日本の居住者がシンガポールの金融機関に持つ預金、証券口座の保有者氏名、口座残高、利子・配当年間受け取り総額などが、二〇一八年からシンガポールの内国歳入庁を通じて日本の国税庁に年一回、自動的に入ってくる。

実施国にはスイス、香港、ケイマン諸島、英領バージン諸島、モナコなどタックスヘイブンも含まれている。日本人がカリブ海の島にこっそり預金を貯め込んでいてもその情報は自動的に国税庁に連絡されることになるのだ。

ただし、これもタックスヘイブンを含む各国が制度運用に協力する、という条件付きの話である。現実には、「現場の事務負担が膨大すぎる」などとして協力に消極的な国もあり、運用がうまくいくかどうかは未知数、と明かす国税関係者もいる。

一方の出国税はそうした時代に先手を打った税制で、国外移住者や国籍を捨てて租税回避をしようという富裕層を対象に、二〇一五年七月一日からスタートした。

シンガポールや香港、ニュージーランド、スイスなど、株式売却益に税金がかからない国がある。そこへ移り住んだ後で株を売り、税逃れを図る富裕層が今後も続くであろう。それならば出国時の「水際」で課税してしまおうという発想で、米国やカナダ、オーストラリア、ドイツなどではすでに導入していた。

日本の出国税は、株などの資産を一億円以上持っている人が海外に移り住む際、国外に出た時点で売却したとみなし、対象資産の含み益に十五%の所得税などを課すようにした。課税対象となる資産は株式や投資信託などの有価証券や未決済の信用取引などで、納税を怠ったまま出国すると、加算税を追徴課税される。

利に敏い富裕層は、出国税が適用される七月一日までに海外に出国していった。その数日前にあわただしく日本から出た有名企業の元経営者もいる。

だが、これから同じ手は効かない。

二〇一六年一月からはマイナンバー（社会保障・税番号）の運用も始まっている。これは国民一人に一つずつ十二桁の個人番号を割り当て、行政事務の効率化を図ることを目的とした制度だが、国税当局から見ると、これも新たな徴税の武器である。

このマイナンバーと銀行口座を連動させることが検討されているのだ。

税務調査の基本の一つは、納税者が金融機関に持つ預金口座を割り出すことにある。そのために調査官たちは納税者の自宅や職場近くの金融機関を回り、会社や自宅に貼られたカレンダー、タオル、マッチ箱に記された金融機関名を端緒に口座を突き止めていた。

ところが、マイナンバーと預金口座番号が連結されれば、個人、法人を問わず納税者の預金の全容を正確に把握できるようになる。同一人物が各地に分散保有する複数の預貯金口座も瞬時に名寄せし、簡単に資金の流れを解明できるようになるのだ。

国外財産に始まり、国内外の金融口座の情報が国税庁のコンピュータに蓄積される時期が近づいている。マイナンバーが金融機関と連動する時期はまだ不明だが、外資系のプライベートバンカーのもとには、資産家からの相談が相次いでいるという。

「自分の金融口座にマイナンバーの紐が付くまでに、海外へ上手く資産を移動する方法はないか」というのである。

そうした徴税の風に杉山らプライベートバンカーたちも煽られていた。

第六章　シンガポール・コネクション

1 ヘッドハント

話は二〇一一年八月上旬にまでさかのぼる。杉山がBOSで日本出張の準備をしていると、携帯電話が鳴った。当地のヘッドハンターからだった。

「よそのプライベートバンクのお話があるんです。ジャパンデスクにぜひ、ということなのですが、一度、ちょっとランチでもしませんか」

彼は引き抜きのプロとしてシンガポールでは名が通っている。面識はなかったが、杉山の携帯番号をつかむことぐらい朝飯前なのだろう。彼らは小さな日本人ムラのどこにでも浸透するのだ。

ランチの後で、杉山が連れていかれたのはUBSシンガポールのオフィスだった。面接のようなものである。同社はスイス最大の銀行・UBSグループの傘下にあるが、会社の出張ルールの説明を聞いて、杉山は断ってしまった。日本出張は一年に一回程度に限定しているというのである。そんな出張しかできないようでは、日本の顧客を失いかねないし、新規開拓も難しくなる。

「無理ですね」と杉山は言った。

「ＢＯＳとかＵＢＳとかクレディ・スイスとか、そんな大きなプライベートバンクはどこも一緒なんじゃないですか。ノルマも厳しい。そんなところはもういい。もっと違ったところはないですか」

それで話は終わると思っていた。二流のヘッドハンターならばそれでもう電話は掛かってこない。彼らの人材ハントに付き合っていたらきりがない。ところが、さすがに凄腕のハンターは違った。しばらくして彼は、「ＵＢＩキャピタルシンガポール」という会社を持ち出してきた。

「この会社ならばどうですか？ シニア・バイス・プレジデント（副社長）として、ジャパンデスクを立ち上げていただきたいという依頼です」

彼が提案した会社は、イタリア五大銀行の一つである「Unione di Banche Italiane」のシンガポール支店だった。

「ユニークなところですよ。プライベートバンクというよりは、ファミリーオフィスを提供する会社と言った方がいいでしょうね。究極の富裕層コンシェルジュですよ。英語を話せない日本人の富裕者一族に金融から保険、税務まですべての面倒を見てあげるわけです。そのゲートキーパー（門番）です」

その言葉は魅力的な響きを持っていた。基本給は以前と変わりがないが成果次第で高いボーナスも約束するという。BOSではノルマを達成できなかったという理由で、ボーナスを払ってくれなかったのだ。

「ファミリーオフィスか……」

杉山は思わず口にした。ファミリーオフィスは富裕層ビジネスの一つで、プライベートバンクをより高度化したサービスやそのサービスを提供する専門集団を意味する。資金管理や運用をするだけではなく、契約した富裕層ファミリーの資産状況に合わせて住居や教育、老後のライフプランに至るまで助言し、一族の面倒を見るのだ。効率と質を重視する欧米の主流は百億円以上の資産保有者を対象にしているが、UBIシンガポールは、それを一億円以上の金融資産を持つ日本人にまで広げて、顧客を集めようとしていた。シンガポール人バンカーが日本人顧客を二人ほど抱えていたが、ビジネスを拡大するには杉山のような日本人バンカーが必要だったのである。

UBIのオフィスは意外なことに金融街ではなく、そこから五駅離れたニュートンという住宅街の中にあった。

ＣＥＯのマルコ・バルデッリは、杉山より三つほど年上の陽気なイタリア男である。銀髪を八二分けにし、彫りの深い顔をがっしりした体軀に乗せている。ただ一人ネクタイを締めてボスの貫録は十分だったが、ヘッドハンターに紹介されると、親指を立てて第一声を発した。

「チャオ！」

ミラノの大学を出ている。ケンブリッジ大学の英語検定に合格し、最近になって、シカゴ大シンガポールキャンパスでＭＢＡ（経営学修士号）を取得したという。そう聞かされると、少し広くなった額も聡明さの証しのようにも見えた。ＵＢＩのモスクワ支店や香港支店、インド支店を任されており、如才なかった。

「ニホン、ダイスキデス」

片言の日本語を交えてその場を和ませると、あけすけにものを言った。

「ファミリーオフィスは多種多様だが、うちの会社はサービスの箱をお客さんに提供するんだよ。私たちがその箱の門番というわけだ。富裕層に関わることなら資産運用だけでなく、永住権を獲得することでも、シンガポールやスイスに会社を作ることでも、マルチで全部受けるという感じだね。税金関係のこともやるんだ」

「それはもう聞きましたが、実際のところ、BOSのようなプライベートバンクとどう違うのですか」

杉山は率直に聞いた。心が傾きかけているのだ。

「違う表現をすると、UBIはお客さんとプライベートバンクの真ん中に位置しているわけだよ。プライベートバンクは自分のところの商品を売り込もうとするし、事情を知らない日本人からは高い手数料を取ろうとするよね。それがビジネスだから。だけど、うちならUBSであろうと、クレディ・スイスであろうと、どこが勧める金融商品でも提供できる。いま杉山さんがいるBOSに口座を置いたまま、別の銀行や保険会社などの商品を提供してもいい。特定の銀行や保険会社の商品を押し付けるのではなくて、一番いいものを推薦してお客さんに選んでもらえる。門番がまず提案を受けて、お客さんのニーズに応じてセレクトしていくわけだよ」

果たしてそれで儲かるのだろうか。「報酬は折半するんだ」とマルコは説明した。

「客を仲立ちするUBIはね、商品を提供するプライベートバンクや保険会社とカストディアン・フィー（信託報酬）をシェアするんだ。日本からのお客さんはこれからも増えるはずだし、どこでも信用のおけるバンカーを探しているんだよ」

マルコとは三度も会い、ファンドマネージャーらとも話し合った。杉山は人を見る目がなくて失敗をしてきたのだが、彼の笑顔は信じられるような気がした。自由にやってもらっていい、というところにひどく惹かれる。マルコたちは新しいビジネスモデルは備えているのだが、日本でどうすれば富裕層ビジネスを展開できるのか、そこがわかっていないのだ。

日本の金融庁の監督や指導はどうなっているのか。何が可能で、何がだめで、何をうるさく言うのか。日本独特の慣習があるのか。日本型のビジネスモデルはどう構築すればいいのか。杉山が抱えている顧客はＵＢＩにあてはまる客層なのか——。それらをしつこく聞いてきた。

そして最後に「いつから来られるか」と尋ね、肩をドーンと叩いた。

「ガンバッテ！　四十人に満たない会社だけど、アシスタントが必要となるように頑張ってください」

2 ジョブズの言葉

杉山がシンガポールに来て一年四ヵ月が過ぎようとしていた。彼は迷っている。マルコの話を聞いて心が動いた直後に、ある人からこんな話を聞かされたのだ。

「今度、BOSに新しいバンカーが入ってくるそうですよ。日興証券出身の人だと聞いていますが、もしかすると私の知り合いかもしれない。桜井さんは業績をさらに伸ばそうとしているんですよ。あなたも大変ですね」

増員の話は初耳である。「桜井さんが『ちょっと杉山の尻を叩かないとな』と言っていた」と同僚に耳打ちされていたが、それは増員のことだったのか、と思い当たった。

――バンカーを増員して競わせようというのか。抱えたままの顧客を絞り出そうというわけだな。

げんなりした。二〇一一年九月、もやもやした気持ちを抱えて日本出張に出た。

その直後、杉山は電話で罵声を浴びた。

東日本大震災のころから、椎間板ヘルニアと脊柱管狭窄症と診断されている。腰や足先がしびれて、ひどい時には歩けなくなっていた。重い足を引きずって十日間の日程で顧客回りをしている時に、叱責されたのだった。

「今度は（契約を）取れるまで帰ってくるな。取れるまで日本にいろ！」

杉山は表向き従順を装っている。だが、その裏面にある反発心や利己心が時々顔を出し、桜井もその操縦に飽きて露骨な悪態をついてしまったのだろう。

その言葉を聞いて杉山の胸の中に怒りが湧いてきた。

――こんな体で働いているのに！　ああ、もうこれ以上は利用されたくない。辞めるなら早い方がいい。

顧客を取られたり、理不尽な目にあったり、迷ったりした時、彼はアップル創業者であるスティーブ・ジョブズの言葉を思い浮かべることにしていた。

If today were the last day of my life, would I want to do what I am about to do today?（もし今日が人生最後の日だとしたら、今やろうとしていることは本当に自分のやりたいことだろうか？）

――いや、これは俺のやりたいことやない。十分に我慢して得るものは得たよ。

そう思って三週間の出張の後、桜井の部屋に出向いて退職を申し出た。正直に言いたかったが、よその会社に行く、と告げれば桜井は激怒し、揉めることだろう。「お前、ふざけやがって、裏切り者」と怒鳴られ、報復を受けるだろうから、これしかないという言い訳を考えた。

「申し訳ありませんが、腰もおかしいので、とりあえず一回休みというか、ここで一回切らしてください」

思ってもみない申し出だったのだろう。桜井は「ん」という尻上がりの声を漏らしたあと、沈黙して杉山の顔をじっと見た。杉山は口を一文字に結んでいる。僕は降ります、という意志表示である。

「しようがない。残念だが、とにかく体を早く治せよ」

あっさりした口調だった。実際に退職したのは翌月の十月末だ。大き目の鞄二つに私物をバラバラと入れ、「さよなら」と声を張り上げて出ていった。

普通なら十二月まで三ヵ月間の給与が支払われる。その間にBOSは杉山の顧客を取ってしまうのだが、十一月一日からUBIで働こうと思っていたので、杉山は、

「僕はいいです、十月までで（給与も）切ってください」

と申し出て、二ヵ月分の追加支給は断ってしまった。受け取るとBOSに縛られてしまうからだ。

送別会はなかった。去る者は追わないのが外資の世界である。だが、杉山は寂しさをまったく感じなかった。むしろ、浮き立つような気持ちさえ湧いてくる。

BOSなどと富裕層の取り合いになっても勝機はある、と思っていた。組織力で劣っていても、結局、プライベートバンカーは個人商店のようなもので、一人一人の能力と努力の勝負である。

そもそも、一人で五百人や一千人も富裕層を管理できるわけではない。一人でメンテ（彼らは富裕層の資金管理、運用をそう呼んでいた）ができるのは、せいぜい二十五人ほどの資産家で、無理して頑張っても五十人が限度である。

日本人富裕層が増え続けていたことを考えると、まだまだ潜在的な需要が見込めたのだ。スイスの金融大手クレディ・スイスの調査によると、二〇一五年の日本には、資産総額百万ドル（約一億二千万円）超の富裕層が二百十二万人もいた。今や、米国（千五百六十五万人）、英国（二百三十六万人）に次ぐ世界三位の金持ち国である。

それに、小さなファミリーオフィスを目指すUBIならば、そのユニークな仕組みで対抗できるのではないか、と杉山は考えた。ＵＢＩのようなところは、あらゆる金融商品を提供できる小さな金融デパートである。

そのうえに、日本人相手のプライベートバンクは手数料が高いという問題点を抱えていた。客が知らないだけのことである。

例えば、「タックスヘイブンに企業を設立できないか」と相談を受けることがあった。シンガポールではそうした法人設立サービスが堂々と行われているのだ。だが、顧客が日本人で英語が不自由だったり、海外事情に疎かったりすると、大手プライベートバンクのジャパンデスクでは普通の手数料に上乗せして四千ドルものフィーを稼いでいた。しかし、実際にはその四分の一の値段で会社設立ができるのだ。

だから、サービスと価格で競争すれば大手のプライベートバンクにも勝てるはずだ、と杉山は思っていた。それは客や自分、そしてＵＢＩのためにもなることである。

新たな職場では定期的な会議はなく、出張前と出張後にマルコとミーティングをする程度だ。それもどんな顧客に何を提案しに行くかを示し、出張後はその結果について報告するぐらいで、ＢＯＳのように出張中、頻繁に電話が掛かってきたり、途中報告の文書作成に悩まされたりすることはなかった。

杉山は四十二歳になっている。いまだに仕事が人生のすべてのようなものだったから、桜井の支配から解き放たれて初めて、自分が自身の支配者になったような気がした。

迷路の中から抜け出て、目に映るものも変わりはじめている。彼は「シティライツ(街の灯)」という名の白いコンドミニアムに住んでいたが、二十階の部屋に差し込む月の明かりはいつまでも目に残り、南十字星が昏《くら》い空にともった灯りのように煌々《こうこう》と光っていた。

こんな遠くまで来て何をやっているのだろう、と考える日々が多かったのに、通勤途上の駅や住宅街の風景、花の色も目に沁みるようになっている。

先の見通しを描くことができない再出発である。だが、名ばかりでも「シニア・バイス・プレジデント」の肩書を与えられ、好きにやってみろ、と言われると、見通しをつける前に行動してみることが楽しく思えた。

すぐに日本に出張した。まずこれまで築いた人脈をたぐり、片っ端から面会を求めた。

複数の病院を経営する理事長一族、飲食店チェーンやレストランのオーナー、大旅館の主人、東京や地方の土地持ち一族、ホテル設備業者、不動産業者、女優、デザイナーとその家族……。節税できる生命保険商品や利回りの良い海外債券が次々に売れた。

会社を売却したオーナーには、百億円の生命保険商品をシンガポールで組んだ。オーナーが死亡した場合、百億円が下りるのだ。

日本に足がかりを作るチャンスだ、とマルコも意気込んでいる。杉山に案内させて、日本に乗り込むと言い出した。日本語は話せないのだが、全く物怖じしなかった。

全国に「すしざんまい」チェーン店を広げる「喜代村《きよむら》」の社長に会った時も、「チャオ」と笑顔で押し通した。人懐っこいラテン気質に喜代村の社長が大喜びした。

「ウェルカム、ウェルカム！　寿司を食っていってください」

社長の店でアワビの踊り焼きを御馳走になると、翌日、イタリアワインを下げて再訪した。

「オセワニナリマシタ」

マルコが言うには、シンガポールに留学していたドクター中松の娘と知り合い、すっかり日本が好きになったという。ＵＢＩにジャパンデスクを作ろうと思ったのも日本びいきの故だという。

人はそうした縁によって導かれる。杉山の人脈はここで一気に広がっていった。

彼にとって幸運だったのは、ＵＢＩの社外取締役がシンガポールの保険会社の創業一族だったことである。彼はシンガポールのタングリンクラブやポロクラブ、クリケットクラブのメンバーで、そのクラブを顧客とのディナーミーティングや日本人接待の場所として使えるように手配してくれた。

タングリンクラブは地元有力者が集まる高級会員制クラブで、シンガポール富裕層の聖域である。シンガポール人は会員になるのに十年待ちと言われていた。

日本から十人近く富裕層が来た時には、自らポロクラブで食事やワインを用意し、接待してくれた。費用はすべてこの社外取締役持ちである。爽快なひと時だった。

「ああ、これがシンガポールの上流階級の世界なのか」

ようやく上司や仲間に巡り合ったと思った。

さらに、シンガポール人弁護士や保険エージェントとも仲良くなり、古い郵便局を改装した欧米風のバーに飲みに行くようになった。そこはシンガポール人の新富裕層が集まる場所で、駐車場には高級車が並び、中国、マレーシア、インドネシア系の華僑たちが集まっていた。多くが三、四十代である。日本ムラから離れると、会う人や見るもの、聞くことが一変した。

気がつくと、BOSのアシスタントたちにからかわれていた下手な英語も上達していた。UBIのオフィスには、イタリア人やシンガポール人、フィリピン人、そしてインド人しかいない。日本人は杉山ただ一人である。書類も一人で作成しなければならなかった。給料や出張についても交渉できるだけの英語力が求められていた。必要に迫られて汗と恥をかくと、英語力は磨かれるのだ。

彼が日本人顧客から集めた資金は、総額八十億円に達していた。BOSからも数人分を引き抜いたが、泥仕合になるのが嫌で、BOS時代に集めた三十億円の多くはそのまま後任のバンカーに引き継いだ。BOSに資金を置いていても、顧客にその資金を使わせて杉山の指示する金融商品を買わせることが可能だった。

BOSを辞めて約一ヵ月半後、桜井とばったり会った。間もなくクリスマスというころだった。顧客を連れて、リパブリックプラザ七階のシティバンクに口座を開きに行った。日本人スタッフが多数いるので、使い勝手がいいと評判の窓口だった。そこで鉢合わせしてしまったのである。

顧客の口座を作って、戻ってきたところではっと気が付いた。待合室に桜井がいて、杉山をにらみつけている。

「こんにちは」

空とぼけて笑顔を作ると、桜井は怖い顔で言った。

「ちょっと来い」

すでにBOSの元同僚たちからUBIに移った情報が漏れていたようだった。

「おめえ、よそに行ったろう。シンガポールのほかの銀行にだよ」

「すみません」

謝る必要などないのに言葉が思わず口をついた。

「連絡ぐらいしろよ」

どうして連絡しなあかんねん、と彼は心の中で思っている。

「あとで俺のところに連絡してこい」

なぜUBIに移ったのか、顚末を報告せよというのだ。杉山の客がエレベーターの前で待っていた。

「追って連絡しますよ」

「ああ、わかった」

――高校生が下級生を呼び出しているようじゃないか。放課後、校舎裏に来い、なんてな。

杉山は含み笑いを浮かべた。自分で選んだ転職先だ。自分をこき使った元のボスのところから逃げ出すのに、なぜ〝挨拶〟をしなければならないのか。呼び出しを無視しているうちに時間は過ぎていった。資金をBOSに残し、争奪戦にならなかったこともあったのだろう。桜井からもその後、連絡はなかった。

3 「接待要員」では終わらない

杉山のアシスタントを務めた中村咲子も新しい職場にいた。

そこは金融街の大通りに面した清潔な会計事務所だった。渡星して五番目に勤める会社である。彼女はまず投資顧問会社で働き、続いてBOSアシスタント、その職も杉山より早く辞し、丸紅の関連会社や投資会社に勤めたと思ったら、なぜか退職して起業家相手の会計事務所に籍を置いていた。

そこで働きながら、個人的に日本人の移住支援や法人設立、記帳代行、通訳といったビジネスも続けていた。会社設立業務を会計事務所やプライベートバンクの半額から四分の一という良心的な価格でやってあげてもいる。

咲子という人間について尋ねられると、杉山は上手く表現できずにいる。三十歳を過ぎると、特に女性の夢は急速に現実に近づいていくが、彼女の関心は結婚や両親のことよりも、遠い自分の夢に向いている。生活感もなく、今が楽しければいいというように杉山には見えて、危なっかしくてしかたない。

これは少し後のことだが、政府批判の落書きをした疑いをかけられてシンガポール警察に拘束されたこともある。防犯ビデオに落書きの現場近くを通る咲子が映っていた、ただそれだけで二人の警官に突然、羽交い絞めにされ連行された。おまけに家宅捜索を受け、いつもはしゃいでいる彼女もさすがに取り調べ室で「何かの間違いだと言っているでしょ！ あなたたち、何考えているの」とぶち切れてしまった。

誤認だとわかって、半日後にようやく解放されたが、「彼女ならそんなこともあるだろうな」と友人たちも笑いながら納得してしまうのである。

仕事で使う英語は達者だし、英文会計の腕もそこそこなのである。だが、そもそも努力や苦労の素振りが見えない。英語はきっかけがあって好きになり、米留学で上手くなった。三重の実家近くにカトリック系学校があって、そこにアメリカ人のシスターがいたのである。英文会計は、丸紅の関連会社で講習を受けたりして身に付けた。一念発起して頑張った、というところがない。

飲み会では実に陽気で、周りが心配するほど酔うことがある。それは寂しさの裏返しなのかもしれなかった。仮装して騒ぐこともあり、ある宴会では、ドリフの志村けんが着たような白鳥の着ぐるみで現れ、喝采を浴びた。

BOSでも気儘《きまま》に振る舞っていた。午後四時ごろになると、BOSの自分の机でメークに熱中することもあった。頭の上の髪をヘアクリップではさみ、ブースでさえぎられた机の上に「キティちゃん」の小さな鏡を置く。そうして堂々とファンデーションを直し、口紅を塗り直す。〝接待準備〟ということだろうか。時々、桜井に見つかって、

「お前はアホだな」

と叱られてもにっこりしている。不真面目かといえば、どんなムードのない居酒屋に呼ばれても客の愚痴はきちんと聞いてやっていた。肝が据わっていて、嫌な顔を見せない。

シンガポールでは、日本人向けのキャバクラで女の子としゃべろうと思ったら、一時間百シンガポールドル（約六千三百円）は取られる。そこへいくと、咲子ならば席の横についてもチャージ（請求）されないし、お客の好みも事情も知っている。延長料金もない。金持ちの中には、飲み代を「もったいないカテゴリー」に入れている者も少なくない。彼女と飲んで憂さを晴らすことができるのならば、それは実にお得なことなのだ。

「『カネは墓場まで持っていけないから、今を楽しまなくてはな』って言いますけどね……。あの人たち、墓場まで持っていく気満々ですよ」

ある時、咲子が珍しく顔をこわばらせていた。

「一億、二億のカネはポンポンポンポン出すくせに、一万、二万の話は、細かければ細かいほど気になるみたいです。銀行手数料の明細書を見せると、『これ何やねん。

手数料、高くないか。どんな根拠があるんや』ってうるさいんです。おカネは増える一方なのにね」

それは顧客から昼食を御馳走になった直後の愚痴だった。金持ちが咲子を連れていったのはホーカーと呼ばれる屋台だったという。

「食事は十シンガポールドル（約六百三十円）までにしてな」

と告げられ、彼女は「えー」と声を出してしまった。

バンカーたちはそうした富裕層接待が面倒でしかたない。それを彼女に背負わせているという負い目もあったから、咲子には職場化粧も許されていた。ただし、接待要員として扱われることが本意でなかったことは確かだった。

「接待能力はあるんですが、アシスタントとしては使いにくい」という声がジャパンデスクの中で上がり、桜井らが「じゃあ秘書にするか」という話をしていると、あっさりBOSを辞めてしまった。桜井らに特別扱いされることを快く思わない女性もいたし、ひどい時には四日連続で客に付き合わされて体調を崩したりもしていたからである。顧客の側は働いていないので、毎日のように居酒屋やゴルフに誘うのだが、彼女は日中、会社の会議にも出なければならず、飲み過ぎと寝不足で肌もボロボロになっていた。

　さらに咲子には強い独立心があり、それは、「Ｍａｌｔａ」という個人会社を設立していることにも表れていた。ただし、まだ実体のない「空箱」である。

「Ｍａｌｔａ」は地中海に浮かぶMalta（マルタ島）をイメージしている。十九歳のころから憧れていた島だ。あそこは地中海で唯一の英語圏だから、知恵を使えば商売ができるはずだ、と彼女は知人に夢を語っていた。

「マルタは人口が四十万人、日本人もたった百三十人しか住んでないの。シンガポールに比べると不動産価格も安い。あそこもオフショア（課税優遇地）で法人税率がわずか五％なのよね。会社を設立するのも英語で簡単だから、自分で会社を作っちゃえばいいな、と思ってね。日本人相手か、日本やアジアがらみじゃないとビジネスは成功しないと思うし、友達に飲食業をやっている人もいるから、マルタワインやマルタビールを扱うのも面白いかなと思うの」

　彼女はシンガポールの永住権を持っている。それを持ったまま、シンガポールとマルタを行き来し、「空箱」を活用して商売を始めることができるはずだった。その夢を語るとき、彼女の顔は二十四歳でシンガポールにやってきたときのように上気していた。だれかに雇われている身ではなく、自力で立つ「完全独立」の姿を彼女は思い浮かべていた。

4　長い旅路

新富裕層の多くがそうなのだが、梶原吉広という若いIT長者も、いつの間にかシンガポールの日本人ムラの一員となっていた。杉山智一がUBIに転職して一年ほど過ぎた二〇一二年のことである。

移住の事実を明らかにしたのは、韓国のオンラインゲーム会社「ネクソン」である。梶原は東京・赤坂の赤坂ツインタワーでソーシャルゲーム会社「gloops」を経営していたのだが、この会社をネクソンは十月一日に買収したと発表した。

驚いたのはシンガポールの金融関係者である。

発表資料には買収価格が約三百六十五億円と記され、さらに、東京都心に住んでいたと思われていた梶原の住所地がなんと、「シンガポール共和国」になっていたからだ。発表資料によると、「gloops」の創業者だった梶原は八八・八八％のgl ｏｏｐｓ株を所有している。単純計算をすると、ネクソンに売却したことによって一気に三百二十四億円の売却益を得たことになる。

シンガポールの日本人、特にプライベートバンカーたちはこう考えた。

――移住したとなれば、利回りの良い当地で銀行などに運用を託すことは確実だ。もし、梶原に上手くセールスをかけて三百億円もの資金を獲得できれば、その一％なら毎年三億円、〇・五％でも一億五千万円のカストディアン・フィー（信託報酬）が転がり込んでくる。さらに資金運用のたびに運用フィーが取れるから、獲得したバンカーは巨額のボーナスを得ることができるだろう。

そのゲームマネーをどこが手に入れるのか、シンガポールの金融業界の関心の的であった。

バンカーたちは梶原の経歴を調べ、一九七九年生まれの彼が浮沈と蛇行の道を歩んだＩＴ時代の寵児《ちょうじ》であることを知る。

梶原は福岡県北九州市の出身で、高校を卒業後ファッションデザイナーを志し、服飾系の専門学校に進んだ。そこを一年で辞めて上京し、「さまざまな仕事」を体験しながら三百万円を貯め、二〇〇五年に紙媒体の広告代理店を起業する。ここで得た利益と先見性が、〝わらしべ長者〟のように、富裕層への道を拓いていった。

当時、フェイスブックに続いて、日本でもＧＲＥＥやｍｉｘｉなどのソーシャルネットワーキングサービス（ＳＮＳ）が広がり始めていた。彼は広告代理店で儲けた利益をつぎ込んでインターネット事業に転じ、試行錯誤の末にモバイルゲームにたどり着く。そして、携帯電話ゲームの先駆けとなっていった。

やがて、梶原の会社は『大争奪!!　レジェンドカード』や『大進撃!!　ドラゴン騎士団』などソーシャルゲームでヒットを連発し始め、百万人以上の登録者を獲得するに至る。三人で始めた会社だったのだが、二〇一一年に社員が百五十人を超す企業に成長する。

「いろいろ評価はあるでしょうが、梶原さんの時代を見る眼と執着心はたいしたものでしたよ。カリスマ性があったと思います」

知人の証言である。そして事業開始からわずか七年で会社を売り、三百二十四億円を手にした。

しかし、なぜ会社を売る直前にシンガポールに移住するのか――。その移住先を巡ってさまざまな憶測が流れた。

ｇｌｏｏｐｓのような非上場株式を売却した場合、日本の居住者なら十五％の所得税と五％の住民税が課税された。ところが、シンガポールでは株式譲渡益には課税されない。海外から資金や人材を呼び込むため、シンガポール政府はキャピタルゲインを非課税としているのである。

梶原のようなオフショア（課税優遇地）への移住や資産移動は一部の人々に「資産フライト」などともてはやされている。シンガポール行きは、移住のメリットを強調する金融コンサルタントや不動産業者の勧誘にさりげなく利用された。

「こちらに移り住むことで税金面でもうまくやった人がいるようですよ。梶原さんもその一人ですね」

という具合に。梶原が移住によって巧みに節税したのではないか、というのである。

第一章で記したエドゥアルド・サベリンの騒ぎを梶原に重ねた人々も少なくない。サベリンはフェイスブックの共同創業者で、シンガポールに移住したことから、フェイスブック株の売却で得た巨額の所得の課税を免れたと批判を浴びた。

これについて、梶原の資金を運用している金融関係者や友人たちは、「梶原氏は誤解されている」と言う。

前述の「ザ・セイル@マリーナベイ」に住む佐藤俊介もその一人だ。彼は梶原の友人で、梶原よりも一年ほど早くシンガポールに移住した異色の起業家である。

梶原を「ヨッピー」と呼ぶ彼が語る。

「そんな課税逃れをやっていたら捕まっていますよ。国税庁は見ていますからね。日本の会社を売却し、その直前にシンガポールに移住して税金が回避できるんだったらみんなそうしている。ヨッピーは十五%の所得税、つまり五十億円近くきちんと納税を済ませているはずです。ただ、その年の年末時点でシンガポールに在住しているのだったら、五%の住民税は日本に払う必要はないです。住民税は居住地主義ですから」

彼の資産について知るプライベートバンカーはこう証言する。

「梶原氏は会社の株を売却した時点で既にシンガポールに住んでいたのだから、本来なら所得税も払う必要はなかったのです。しかし、国税庁と争いを起こすのを避けてすべて納税した。国税庁と事を起こして敵に回すと、仮に勝ったとしても、他でやられたりとか、いろんなことがありますからね。私たちはだからそれを日本というか、国税庁というか、そこに対する『手切れ金』と言うんですが、それを払った方がきれいですからね」

梶原には佐藤を含めた三人の友人がいるという。その四人組はいずれも三十代半ばの起業家で、富裕層（金融資産が一億円から五億円未満）か、超富裕層（五億円以上）に属している。

彼らが大学を卒業した二〇〇一年から二〇〇二年はすでに終身雇用という日本的慣行が完全に崩れ去った後だ。ＩＴバブルが崩壊して、米国同時多発テロ事件が起き対テロ戦争が始まっている。深刻なデフレ不況の入り口で、彼らは激しい世代間競争を這い上がってきた。

佐藤は横浜市出身で日本大学建築学科卒。梶原と同様に、「良い学校」を出て「良い会社や官庁」というコースとは全く無縁に生き、自身の力で成り上がってきた。

自分たちの世代について、彼はツイッター上でこうつぶやいている。

〈それにしても僕の78、79世代は我が道を行く人ばかりな気がする。そして基本は分かりやすく表に出て来ない、来れないw　しかしクソ優秀な人が多い。確実に時代を変えて行ってるし、金持ちも生み出しているけどアングラのため縁の下の力持ち。そ

んな感じ〉

四人の仲間は一度に何億円も手にしたり、会社の売り上げを倍にしたり、いきなりとんでもない金持ちになったり、サプライズに満ちているという。だから金銭感覚も常人とはどこか違っている。梶原の納税問題についてもそうだ。

佐藤が何げなく漏らした「三百二十四億円の五％」と言えば、十六億円。それは庶民からすれば大変な節税である。佐藤は苦笑いを浮かべた。

「確かに三百億円もあると運用益がすごいですよ。シンガポールは非課税だから五％のリターンがあるとしても十五億円の収益が出る。日本で同じように三百億運用しても運用益の半分は所得税などで取られる。毎年七億円納税しないといけない。毎年七億円で二十年間だとすると、百四十億円も納税するわけですよ。当地ではそれが残っていく」

梶原の資金をどの銀行が獲得するのか――その勝負は二〇一三年の初めには決着がついたようで、翌年にはっきりした形で表れた。資金を得たプライベートバンカーたちが二月十六日夜に開かれた梶原の豪奢な結婚式に招かれたのだ。

招待者の中に、BOSの役員兼チーフヘッドの桜井剛やアシスタントたちがいた。

彼らが招待されたのは、東京都港区の六本木ヒルズの一角にある「グランドハイアット東京」である。グランドハイアット東京は三百八十七の客室と十七の宴会場を抱えているが、結婚披露宴は中でも自慢の一千㎡のグランドボールルームで約三百人を招待して行われた。東京が記録的な大雪に二週続けて見舞われ、大混乱が続いた日曜日のことである。

新婦がグラビアアイドルの山本梓で、ベッキーやほしのあき、安田美沙子、キンタロー。といったタレントが着飾って集まったから、式は彩りあふれて華やかなものとなった。物まねタレントの原口あきまさと女子アナが司会に立って笑いを振りまき、ドンペリロゼで乾杯する。イタリアでの結婚式のVTRが紹介され、新郎新婦の馴れ初めをつづる再現VTRが流された。新郎役が小島よしお、新婦役はキンタロー。だったという。

新婦はかつて子供向けのヒーロー戦隊番組に出演している。それにちなんだ『忍風戦隊ハリケンジャー』の寸劇がどたばたと演じられ、ベッキーが歌で盛り上げた。祝宴はさらに六本木ヒルズクラブの二次会に移り、午前零時前まで五十一階のバンケットルームに笑いさんざめく声が響いた。

この日の宴席には他の結婚披露宴とは少し雰囲気が異なったところがあった。一つは、新婦の芸能事務所が週刊誌や芸能記者たちを極度に警戒していたことである。事務所の関係者が言う。

「週刊誌記者たちが式場に来てたじゃないですか。うちは厳戒態勢で臨んでいたので、怪しいやつはトイレまで付いていって追い出しました。おめでたい席だから、変な記事は書かれたくありませんからね。事務所の幹部なんか疲れて会場の外でぐったりしてましたよ」

実は、梶原は長者となる過程で過ちを犯している。東京・池袋の金融会社の店長を務めたことがあり、多重債務者のリストをもとに、電話で強引に貸し付けて荒稼ぎした、として摘発されたのだった。彼の成功に対する嫉妬が重なって、その過去は、結婚発表と同時にスポーツ紙や写真誌などで蒸し返されていた。新婦の事務所が宴会場でひどく記者たちを警戒したのはそれもあってのことだろう。

もう一つは、前述のようにBOSなどのプライベートバンカーが七、八人も駆けつけていたことだ。当時、まだ三十四歳の梶原のためにシンガポールから七時間もかけて飛んできていたのだった。

ＢＯＳのライバルであるバンカーが言う。

「ＢＯＳに梶原さんの三百億円が入ったと聞きましてね、思わず、『えー』と言ってしまいましたよ。誰から紹介を受けたのか。トップ（の桜井さん）は日本のフィクサーのような方やメガバンク関係者にも人脈を持っているので、さすがに剛腕だ、やられたなあ、と思っていましたが、まだこれから取り返す余地はありますからね」

美しい妻を娶《めと》り、資産はバンカーがうらやむほど持っている。そんな梶原が友人たちに「暇で暇でしようがない」と漏らすことがあるという。だから、佐藤は時々、こう考える。

――節税のためにシンガポールに縛られちゃうのはかわいそうだ。日本の方が楽しいに決まっている。自分が死ぬ場所は日本だな。

佐藤はシンガポールに移住後、日本を外から見るようになったという。経済産業省のクールジャパン事業にも関与し、日本の良いモノをいかにして世界に売り出すかを考えるようになった。日本が世界をリードする時代はもう終わったが、強いコンテンツと文化がある。日本のマンションは堅牢だし、食事も美味しい。

「ヨッピーは絶対、日本に帰りたいと思いますよ、税金がないとしたら。日本は最高の国ですよ。でも今はこっちにいないといけない。シンガポールに住んでいる日数が不足したら（当地の）住人じゃないということを言ってるのと同じですからね。しばらくはこちらにいないと、（国税庁には）シンガポールの住人だとは見なされないです。半年で戻ったりしたら外国居住の実態がなく、ごまかしたと言われるじゃないですか。税金を払わないと決めた以上はしばらくここにいないといけないんだ。そして、一年の半分以上、シンガポールにいなくちゃいけない。先は長いな」

佐藤は、「幸せの絶対的総量は全人類平等」とツイッターでつぶやいている。若くして成功した超富裕層と庶民は、結局のところ幸せにおいて変わりはないというのだ。

三十代半ばで三百億円を手にし、伴侶にも恵まれた梶原はシンガポールという寄港地からどこへ向かうのだろう。日本の国税庁とは無縁の〝永遠の旅行者〟となるのだろうか。

早すぎた成功者を、長い旅路が待っている。

第七章

『太陽がいっぱい』

1 束の間の「しんがり兵」

秘書のリナから受け取ったペイスリップ（給与明細書）を開きながら、杉山智一は顔を上げた。CEOのマルコがこちらを向いて親指を立てている。視線が合うとウィンクをした。

うへっ、男にウィンクかよ、と思ったとたん、杉山の作り笑いが歪んでしまった。銀髪のボスは、サムズアップとウィンクで、「どうだい」と言っているのだ。ペイスリップには五千万円を超える数字が記されていた。

二〇一三年二月。UBIではこのころになると、前年末締めのボーナスが支給されるのである。給与を含めると、杉山の二〇一二年の年俸は八千万円近くにも達した。トップバンカーに比べるとたいした金額ではないが、杉山はそんな大金をもらったことは一度もなかった。桁違いのボーナスの数字をもう一度、数え直した。

彼はUBIに転職する時、ノルマを記したオファーレターを受け取っている。

1、一年以内に一億ドルの運用資産を集め、

2、百万ドルの収益を挙げる

という趣旨の、BOSと同じような契約内容だったが、二〇一二年に挙げた収益は百万ドル以上に達し、八十億円を超す運用資産を集めていた。ノルマをほぼ達成したのだ。ボーナスの歩合もBOSより五％から十二％も高かった。

だが、UBIのボーナスはそれが最後となった。不穏な噂が社内に流れ始めていた。

その日、杉山はビルの外の喫煙所でゆっくりと煙草を喫《す》っていた。そこへリナがやってきた。マレー系の痩せて目の大きな娘だ。雑談が絶え、手元からうすく煙が上がるのを二人で見ていた。間を埋めるように、彼女が口を開いた。

「トモ、これは内緒だけどさ。うちの会社、身売りする交渉をしているよ」

「ああ」。杉山は息を呑んだ。

「もしかしたら撤退するかもしれないね」

ギリシアの財政赤字を発端にした金融危機は、財政支援を続けるユーロ圏諸国を巻き込んでいた。二〇一二年末には、UBI本社のあるイタリアやスペインにまでギリシア危機は波及し、景気は大きく落ち込んでいる。UBIを含むイタリア大手五行の株価は低迷を続け、平均三割も下落していた。

その直前の二〇一二年八月には、イタリア国内十五行の格付けが下げられ、UBIもBBB+からBBBへと下がっていた。あと二段階の格下げで「投機的」に分類されるレベルである。瀬戸際に立った各行は再編を迫られ、UBIグループは海外支店を減らそうとしていた。「UBIキャピタルシンガポール」もその削減対象に挙げられていたのだった。

「何かあるかもと思っていたけれどね」

杉山は空に向かって煙を吐き出した。売りに出ているけどどうなるかはわからない、とリナは言った。

「箱ごと売ってくれれば、僕たちはここに残れるね」

「名前は変わるけどね」

箱とは自分たちの会社のことである。〝居抜き〟のように社員やオフィスごと売却してくれれば、幹部の首をすげ替えて仕事を続けられる。わずかな期待をかけていた。

それから半月後、「会議室に集まるように」と触《ふ》れが回ってきた。主だった社員が机に並んでいた。視線の先にマルコが座り、いきなり告げた。

「ＵＢＩはシンガポールから撤退する。この会社の社員は全員解雇することになった」

申し訳ないというそぶりは全くない。堂々たる撤退宣言である。ふんぞり返っているようにも見えた。結局、ＵＢＩキャピタルシンガポールを買収する企業はなかったのだ。

マルコは簡潔にいきさつを説明したが、会社の身売り話が社内に流れていたから、社員たちはやっぱりね、という反応で、質問する者さえいない。事務職は先もなく切られるのだから、内心では「えー」と言いたいのだが、会議室は静まり返っている。感情を露《あら》わにしても仕方ないのだ。

彼らは一ヵ月分の給料をもらって散っていった。それがシンガポールの常識で、日本の労働慣行からすると理不尽な解雇劇だが、当地の労働者には文句のつけようがない。社員たちは撤退宣言を聞くや、次の職場を求めてばらばらとオフィスを引き払い、四月末にはほとんどいなくなった。送別会一つないドライな別れだった。

さてこれからどうしようか。杉山が思案していると、マルコが思いもかけない頼みごとをしてきた。

「トモ、UBIが撤退するのは六月末なんだが、それまで会社に留まってくれないか」

杉山はぽかんと口をあけた。

「最後のCIOになってもらいたいんだ。給料は払うよ」

「いいですけど……」

そう言ってしまった。

CIOとは「Chief Investment Officer（最高運用責任者）」の略である。当地の金融管理局の指導で、撤退が完了するまで外務員資格を持つ責任者を会社に置いておく必要があるのだという。そして、最後に金融管理局にライセンスを返納する際に、CEOやCIOの名刺を持つ者が書類にサインをする。それで終わりだ。

会社にはもともとCIOがいたし、ファンドマネージャーやバンカーもたくさんいたのだ。だが、みんな沈む船から逃れるように去っている。目端の利く者ほど次の職場を見つけるのも早いのである。自ら起業した者もいた。ナンバー2の幹部はイタリアンレストランの経営に乗り出そうとしていた。その中で、マルコは人の好い杉山なら残ってくれるだろうと思ったのであろう。

——急に偉くなっちゃったな。

杉山は無邪気に笑いを浮かべている。

負け戦《いくさ》の時に最後列で戦う兵のことを、日本では「しんがり」という。しかし、ここは常夏のシンガポールである。しかも新参者で、会社でただ一人の日本人がしんがり兵のように会社の最期を看取るなんて。きっと日本人は義理に厚いと思われたのだ。

「束の間のしんがり兵だ」

と彼はつぶやいた。

残ったのは、にわかCIOの杉山とCEOのマルコ、秘書のリナ、コンプライアンスを担当するジェーンの四人である。CEOとCIO、コンプライアンス担当は兼任することができないのだ。

四十人近い社員で埋まっていたオフィスはガランとして音もない。時折、取引先の保険会社やプライベートバンクを回って挨拶をしたり、オフィスで顧客の整理をしたりする毎日が続いた。

といっても、出張を繰り返していた日々に比べると、ゆったりとしたものである。早起きする必要はないし、重役出勤しても、昼食時に一人ビールを飲んでも、何をしてもかまわない。

時間の余裕が生まれ、立ち止まって杉山は行く末を考えた。

シンガポールに留まるか、日本に帰るか——。

考えあぐねて、地元の投資コンサルタントに会っている時だった。その話を持ちかけられた。

「トモさん、日本に帰るの？　もし戻ったとしても、日本人のお客さんをこれからも紹介してほしいんだ。UBIでの仕事ぶりは聞いているよ」

「もちろん、紹介はできますよ」

「トモさんは法人を持ってないの？　ないのなら、エージェントを紹介するから作っておいてほしいんだ」

「と言っても……」

「法人は実体がなくてもいいんだよ」

ペーパーカンパニーでいいから法人格のあるものを作ってもらいたい、というのである。当地では「空箱」と言ったり、「ＰＩＣ（Private Investment Company＝資産保有会社）」と言ったりする。大仕掛けの案件の場合は、「ＳＰＣ（Special Purpose Company＝特別目的会社）」と呼んでいる。杉山は思わず身を乗り出した。

「トモさんに日本人顧客を紹介してもらって、金融取引や保険契約に結びつけたいんだよ。でも、トモさん個人が表立って仲介するのではだめだ。ここは契約社会だから、実態があろうがなかろうが、トモさんが法人格を持つことが最低条件だよ。少なくとも法人格がなければ保険会社も銀行も相手にできない。それに実際の契約となると、プライベートバンクが顧客に融資をしたり、保険会社などと提携したりする必要もある。複雑なスキームを描く必要があるのに、個人が仲介するというわけにはいかないな」

ここでいうスキームとは、例えば次のような構図のことである。

杉山が外資系の生命保険会社と提携し、自分の顧客に十億円の生命保険契約を勧めるとしよう。顧客に資金が不足すればプライベートバンクを取り込んで顧客に融資させる必要があり、顧客―杉山―生保代理店―プライベートバンクという構図ができ上がる。多額のカネと信用のためにもここに介在する杉山は法人格でなければならない、というわけだ。

「法人であればそこはいろいろネゴれますし、契約の当事者になりえますよ。実利があればいいわけだからね」

「空箱か……」

「僕らがトモさんの法人設立の手伝いをするから、作ってみるといい」

コンサルタントは事もなげに言った。シンガポールで知ったことはたくさんある。その一つは、このペーパーカンパニーの設立手法で、しかも、その設立ビジネスが金融街の真ん中で堂々と行われていた。

金融街の中心にあるラッフルズプレイス駅から歩いて三分。そこに六十六階建てのツインタワー「UOBプラザ」が聳《そび》えている。リパブリックプラザなどと並んでシンガポールで最も高いビルの一つだ。

日本企業も入居するそのビルにもエージェントがオフィスを構えていた。日本の司法書士に似た存在である。彼らは節税や合法的なビジネスだけでなく、課税逃れに使われることがうすうすわかっていても、設立を手助けする。

ペーパーカンパニーには法人取締役が必要だ。だが、自分の名前を秘匿したい場合は「Nominee」（ノミニー）と呼ばれる名義人を借りることができる。日本であれば、違法な名義貸しや仮名取引の疑いを持たれるが、シンガポールや香港では、「プライバシー保護」の名目で合法とされる「きれいなビジネス」だ。

杉山はそのエージェントからこんな説明を受けている。

「カリブ海に浮かぶBVIというタックスヘイブンがあります。西インド諸島にある英領バージン諸島のことですが、そこにカンパニーが欲しければ、一ヵ月で作ることができます。ケイマンなども簡単ですよ」

BVIやケイマン諸島はノータックスの島だ。証券を運用して利益が挙がれば、日本なら利益の二十％の税金を取られるが、BVIなどのタックスヘイブンで運用すれば税金はかからない。その分だけ運用成果も上がる、というわけだ。

ただし、こんな単純な税逃れでは国税庁に摘発されるから、実際には複雑な手法が取られている。例えばオフショア経由でタックスヘイブンを利用する手法だ。

東京のある事業家はシンガポールのプライベートバンクに口座を保有するとともに、そのバンカーの紹介でBVIにペーパーカンパニーを設立している。このペーパーカンパニーの代表者には前述の「ノミニー」を仕立てているから、ここで税務署の追跡は難しくなる。そのうえで、この事業家はスイスにペーパーカンパニー名義の口座を開設して資金を運用し、利益を挙げているのだ。

シンガポール、BVI、スイスの三ヵ国を経由して租税回避が行われると、第五章で触れた自動的情報交換制度のようなものが機能しない限り、その情報を国税庁が入手して、税逃れの構図を解明することは極めて困難なのである。

別のケースもある。シンガポールでファンド会社を運営する元証券マンはこう話す。

「シンガポールでファンドを作って、そこで資金を集めています。詳しくは言えないが、その資金はBVIやケイマンのペーパーカンパニーの口座で運用をしているので、運用益から税金を引かれることはありません」

もっと複雑なケースもある。スイスの法人設立専門エージェントを通じて、スイスにペーパーカンパニーを作った富裕層の例だ。

この人物は、スイス法人など二社から出資した形にして、BVIに新たなペーパーカンパニーを設立し、そこを舞台に運用を続けている。このスキームをさらにわかりにくいものにしているのは、BVIのペーパーカンパニーがシンガポールのプライベートバンクに口座を置いていることである。くだんの富裕層はこの口座でも運用したり、限度額無制限のクレジットカードを発行させたりしている。カードはアメックスが発行する黒色のもので、「センチュリオン」と呼ばれている。プラチナカードの上を行く富裕層のステータスである。日本国内でどれだけ使おうと、日本国内の銀行に記録は残らないから、税務署のチェックは受けない。使った分がシンガポールのプライベートバンクで引き落とされていくだけだ。

杉山が驚いたのは、ペーパーカンパニーやタックスヘイブンが目の前にあるという現実である。しかも、税逃れを可能にする会社をケイマン諸島に設立する費用が千ドル程度で済むという。日本の富裕層で、さらに〝ガード〟を固め、身元は隠しておきたいという人はノミニーもつけることが多いが、それでも九百ドルから千六百ドルほど余計にかかる程度だ。

「これがプライベートバンクのジャパンデスクに行くと、足下を見られて二、三倍はふっかけられる。あれこれ経費を上乗せしますのでね。日本にいる人には必要書類をキットで届けます」

設立エージェントの説明である。杉山は最初に千二百ドルを要求されたから一度戻ってそれから値切り交渉に出た。「それは高いよ」と友人に言われたのである。結局、千ドルで落ち着き、オフィスで一時間ほど手続きをした。残りはメールでやりとりをし、千ドルを送金すると、こんなメールが来た。

〈入金が確認できたので、あとは法人をセットアップしておきます〉

こうして一度も行ったことのないタックスヘイブンの島に、架空の会社が登記された。

しかし、実際のところ、その「空箱」会社はケイマン諸島やBVI、パナマにあるのではなく、シンガポールの設立エージェントのデスクの上にあるのだ。

香港やスイスなどにも同様な設立エージェントやプライベートバンカーたちが存在している。彼らは正当な業務としてペーパーカンパニーを作り続け、世界中に節税やマネーロンダリングのための架空企業を生み出し続けている。

タックスヘイブンをめぐって大掛かりな税逃れが発覚するたびに、為政者たちは眉をひそめてみせるが、租税回避地の存在を根本から問う論議になったことがない。その地を利用する国と金融機関、それに権力者の存在があるからだ。

もう十分だ、と杉山は思うようになっていた。

シンガポールで学ぶべきものはほとんど学び終えた。海外で流通する投資商品や保険商品、各国の税制を知り、節税スキームも自ら組めるところまで知識と人脈を得、以前より賢く、かつ用心深くなった。それは聞きかじっただけでは吸収できない、血の出るような知識だ。

あとは顧客の必要に応じてそれらをいかに応用するかだ。もう、ずるくなる必要もなかった。杉山の仕事はタックスビジネスでも金融コンサルタントでもなく、顧客の資産管理と永続的運用なのだ。そして、彼はワルにはなりきれない。

五月に入ると、杉山はシンガポールで一番大きなラッフルズホスピタルで手術を受けた。喉に大きなポリープが見つかったのだ。手術費が百万円もかかるという。シンガポールは外来治療費をまかなう保険はなく、どうしたものかと考えたが、マルコが会社加入の保険で全額払ってくれた。そうしてみると、ＵＢＩの「しんがり」を引き受けた甲斐はあったのである。

悪性だったらお終いだ、と怖れていたから、前夜、行きつけのパブで勢いをつけた。フィリピンとタイから働きに来ているホステスがいた。

「明日、手術するんだ。下手したらもう来られないかもしれないよ」

そう言うと、フィリピン人ホステスがにこやかに笑って答えた。

「明日は、夜に仕事がある。だから昼は寝てるけど、手術、頑張ってね」

そんなものだろう。別に何をしてほしいわけでもないのだ。

翌朝の午前八時前に病院に行くと、前夜のタイ人ホステスが玄関に立っていた。仏教徒の多いタイ人は穏やかで優しいと聞いていたが、その律儀さにほろりときてしまった。

手術は午前九時に始まり、ポリープを切除して午後三時ごろにようやく麻酔が切れた。日本なら一週間は入院するところだが、当地では即日退院である。

こみ上げる唾を手に持ったティッシュに吐き出しながら待合室にふらふらと辿り着くと、二人掛けのソファでホステスが寝ている。彼女は半日以上も待っていてくれたのだった。

その姿を見ていて、なぜか寂しくなった。彼女には悪いが、同情心からではなくて、心から待ってくれている人がいたらな、と思った。その時に日本に帰ろうと決めた。帰国の準備を始めなくてはいけないな、と不意に思いついた。

渡星して間もないころは、日本に帰る日を思い浮かべることはなかった。シンガポールは税金も安いし、住み続ければおカネは残るのだ。しかし、日本から五千㎞も離れた場所で、俺は何をやっているんだろうか、と湧き上がってくる気持ちを拭うことができなかった。

「ここで生きるんだ」

と何度も自分に言い聞かせたはずなのに、もう一人の自分が、

「どうしようか」

と問う。行ったり来たりの毎日だったのだ。

喉を切開したばかりなので、彼女に向かって軽く手を上げると、

「トモさん、あなたはお参りした方がいいよ」

シンガポールで一番古いというタイ仏教の寺院に連れていかれた。こうして参拝していればきっと願いが叶うからね、と彼女は付け加えた。

杉山が帰国したのは強い南風の吹く日だ。日暮れても街はしっとりと明るかった。日本は錦織圭の活躍に沸いている。全仏オープンテニスで七十五年ぶりに十六強入り

して、次はウィンブルドンが待っていた。

——錦織には比べるべくもないが、俺もそれなりに頑張ってきたぞ。銀座に向かうタクシーの中で、杉山は再び四季の中で生きるのだと考えている。間もなく梅雨が訪れる。

2 狙われた元病院長

突然の電話には不穏な響きがあった。

「サキちゃんか?」

「あのな、おたくのボスに匿名でアポを取って欲しいんや。頼むわ」

名前は言わんでくれ、と男は低い声で繰り返した。「匿名」という言葉に中村咲子は身構える気持ちになった。男はBOS（シンガポール銀行）に勤めていたころの顧客だ。以前の顧客とはたまにメールや電話のやりとりをしているのだ。

杉山が日本に帰国して半年ほど過ぎたころの出来事である。

元のボスである桜井とは、彼女が二年前にBOSを辞めた後も、時折連絡を取り合っていた。彼女は会計事務所を辞めて独立し、その年の夏、フリーになったお祝いに桜井らBOSの元同僚から寿司をごちそうになっている。桜井に加え、彼の右腕で大口顧客を担当する「リレーションシップ・マネージャー（RM）」の梅田専太郎、そして仲の良かった先輩というメンバーだった。

「誰からなのか言わずにアポを取れということですかぁ？」

語尾を上げて尋ねた。

「あの人は、それで会ってくれる人じゃないですよ」

しかし男は、詳細はまだサキちゃんには言えへんねんけどな、とぼそぼそと言う。

「理由はおいおい説明するから、とりあえずアポを取ってくれや」

「私はBOSをもう辞めているんで、ご自分で連絡はできないんですか」

「誰も頼む人がおらへんから、お前に言うんやけど」

咲子は頼みやすい相手なのである。そして、この件は梅田には内緒にしてくれと、念を押した。その言葉で彼女は、男が梅田の担当する客の一人だったことを思い出した。

「とりあえず、梅ちゃんなしで、上の人に言ってくれへんか」

——なぜだろう。梅田について何かクレームを付けようというのか。担当のバンカーの頭越しに、それも辞めた私を使ってアポを取るなんて……。

何かが起きている。彼女はうっすらと感じ取った。

梅田は将来、桜井の後を継ぎBOSジャパンデスクのトップに立つと見られているやり手だ。日本からシンガポールやタイなどに渡ってきた富裕層に食い込む一方で、日本在住の消費者金融経営者や韓国系の自営業者などの資金を預かっている。彼が集めた資金は約八百億円と言われていた。トップの桜井と競うほどの金額である。紹介者を手繰《たぐ》って日本から資金を移動させるシンガポール屈指の「カネの傭兵」だったのである。

咲子が首を傾げた理由は他にもある。

——それにしても、白面のあんな物静かな紳士が何をしたというのだろう。

梅田は女の子より細いガリガリのバンカーなのだ。客の信頼も絶大だった。彼女が「おスギさん」と呼んだ杉山智一の方がずっとギラギラしていた。

だが、男は「匿名アポ」の目的も、梅田抜きの理由も言おうとしなかった。押し問答の末に彼女は押し切られ、翌日、桜井に電話を入れた。

「あの、ちょっとアポをお願いしたいと言われまして……。匿名でと言うんですよ」

「バカなのか、お前！　どういうことだ。お前とはどんな関係だ」

桜井は気色ばんだが、咲子は男から、俺が客だということも伏せてくれ、と強く言われていた。

「どうしても理由を言えないらしいんですね。お願いできませんか」

「そんなブラインドデートみたいなことあるか。そいつは誰だ、名前と電話番号を言え」

「ですよね。でも、匿名じゃないとあかん、と言うんですよ。会った時に匿名だった理由とか、全部説明するとおっしゃってるんですね。私も理由知らないんですよ、急に言われたから」

「俺はそんなものは受け付けん！」

どうして私がこんなことで叱られなければならないのだろう。咲子も嫌になって、そうですよね、とつぶやいて電話を切った。ところが、そのやり取りを伝えても、男は引き下がらなかった。どうしても頼むわ、急いでるんや、と言うのである。しかたなく、咲子はもう一度、桜井に電話を入れた。

「どうしてもだめだったらいいですよ。その人に、だめって返しますから」

すると、桜井も根負けして言った。

「お前がそこまで言うんならしかたない。一回だけだ。二度はないぞ」

会っておいた方がいいかもしれない、と彼も思い始めたのだろう。

やがて桜井に会った男は秘事を告げ、事件が動き始めた。


バンコク・スワンナプーム空港は、シンガポールから飛行機で二時間半のタイ王国の国際空港である。その近くに住む中田七海《ななみ》は、BOSの顧客の中でも変わり者とみられていた。

元病院長だが、とにかく開けっ広げなのである。富裕層の人々は概して自らを語ることがないが、彼の場合はブログをチェックしていればたいていのことがわかる。

二〇〇四年に日本の病院を売り払って移住してきたことも、タックスヘイブンのケイマン諸島に自分の信託会社を設立していることも、六十六を超えて四歳の娘と二人暮らしであることも、さらに、それは娘の母親が男と逃げてしまったからということも、みんなブログに記してある。

〈ママがいない（中略）、チェンマイの女だったが色が白かった。でも、ちっと日本に用事で3ヶ月ほど帰国している間に、56歳のオランダ人に寝取られてしまった。（まさに寝取られ宗助だ。笑）〉

という具合だ。有名な国立医大を卒業した経歴からすると、やや品のない筆であるし、穏当な意見でもない。しかし、中国を激しく批判したと思えば、日本野球の長老支配を嘆き、以前住んでいたカンボジアの医療実態や強盗被害を暴露し、さらに下世話なタイ事情を率直、赤裸々に描いているので、ブログのファンも多かった。こんな記述がある。

〈タイでは、お金が絡んだ原始的な、または直情的な結婚詐欺は物凄く多い。ことほど左様に、歳が行ってからのタイや近隣国での退職者生活は、日本人夫婦同士でするのが安全だ。

嫁が居なくて高齢者が一人で行くと…

寂しさの余り、どうしても現地妻が欲しくなる。

しかし…これが殆どの例で酷い目にあっている。

まず第一に言葉の壁が越えられない。これは大きい。

第二に貧富の差がありすぎて（女や女の一家が貧しいので）、金品を盗まれることが多い。

第三に、女と歳の差がありすぎ、かつ女に魅力があると、殆ど、若いタイ人が最低一人は付いているとみなさなくてはならない。これが厄介な種となる（恋人同士でグルになって悪事を働く）。

第四に土地付き住宅を女の名義で買う（外人は土地は絶対に買えない。タイなど東南アジアは皆同じ）と、日本に帰国するなどで、家をちょっと長く留守にした隙に、女に（＝女の若いタイ人の男とグルで）家を売られてしまう。そういうことが半端でなく数多く起こる〉

実際に、中田も「第四」の被害に遭っている。

チェンマイにタイ人の妻名義で五千㎡の農地を購入したのが始まりである。国道一〇七号線から五十mほど入ったところで、値上がりも期待できたし、妻の一族が耕してもいいと思っていた。

目論み通りに地価は高騰した。公立のラチャパット大学が近くに移転してきたこともあって、三百万円で購入した土地が千二百万円以上に跳ね上がったのだ。タイ農民の年収は十五万円程度と言われており、八十年分の年収に相当する資産が一族の前に転がり込んできた。一生遊んで暮らせる金額である。

ところが、中田が娘を日本人学校のあるバンコクで育てようと、チェンマイを離れたのがいけなかった。気がつくと、見知らぬ男に土地を乗っ取られていた。やがて妻も駆け落ちしてしまい、悔しいが、「くれてやった」と思うしかなかった。タイに住んでいる以上、そんな話はいくらでもあるのだ。

こうした私事を書き連ねた彼のブログが、やがてBOSとシンガポールの金融関係者に衝撃をもたらすことになる。ただし、最初に驚いたのは中田の方である。

それは一本の電話から始まった。中田の記憶では、二〇一三年十二月十六日午後十時過ぎのことだから、前述した桜井と匿名の男が面談してしばらく経ったころだったようだ。

電話を掛けてきた相手は「こちらは、在シンガポール日本大使館ですが」と名乗って唐突に言った。

「あなたの身に危険はないですか。危害は加えられていませんか」

どきりとした。

「えっ、何ですか？」

全身の警戒警報が鳴っている。相手の調子は事務的で名前も所属も明かさない。いたずらか、嫌がらせなのだろうか。

「おたくはどなたですか？　お名前や所属はどちらですか」

「ミワヒロシと申します」

訝しみながら、日本大使館の電話番号や、「ミワヒロシ」の漢字を電話口で字解きさせた。

電話の主は在シンガポール日本国大使館の二等書記官兼副領事で、美和浩史だという。美和という人物は、静岡県警教養課長補佐（警部）から警察庁に出向し、二〇一三年から在シンガポール大使館に勤務していたが、中田には相手がその人物なのかどうか、確認する術《すべ》はなかった。極めて慎重な物言いをする人物だったし、その後も出会うことはなかったからである。

ミワの電話は、どうもシンガポール警察の指示によるものらしい。その趣旨は、用心をしてほしい、ということに尽きた。

「何があったんですか？」

肝心な質問には答えない。そして、

「とにかく避難してください。安全なところに」

と言った。中田の頭の中で疑問符がぐるぐると回っている。

——なぜタイの日本大使館ではなく、シンガポールなのだろう。

それに気づいたとたんに、はっとした。バンコクに住む自分とシンガポールとのつながりは、BOSしかない。その担当者は梅田専太郎というバンカーである。そもそも、シンガポールに行ったのは二度しかない。口座を開設する際とリーマン・ショックの時と、いずれもBOSを訪れたのだ。

「BOSで事件が起きたのですね。私とシンガポールとの接点は梅田さんしかないんですが？」

「…………」。否定も肯定もしなかった。

ずっと疑問に思っていたことがあった。

彼には梅田のアシスタントが二人付いていた。その一人が中村咲子である。ところが、二年ほど前、「彼女たちは二人とも辞めてしまったので、私が一人であなたを担当することになった」と告げられている。結婚したり、いろいろあったりした、という曖昧《あいまい》な説明である。

中田の手元には毎月、ＢＯＳから運用報告書が送られてくる。梅田も電話を掛けてきたり、半年に一度はやってくるのでそれほどの不便は感じなかったが、アシスタント不在の期間は一年も続いた。

中田は梅田の言葉に不審を抱きはじめた。アシスタントはビジネスを補助するだけでなく、バンカーのミスや不正を防ぐために必要とされているはずだ。彼はＢＯＳで約二十億円の資産を債券運用している。株よりもずっと安全確実だ。運用中の債券は欧米から中国、日本、タイ、カザフスタンに至るまで各国の民間債を中心に約四十種類にも達し、その評価額は始終変動しているから、二、三千万円程度を流用されてもすぐにはわからない。ＢＯＳへの窓口は梅田一本しかないので電話ではっきりと聞いてみた。

「梅田さん、一人でやっているのはおかしくないか？」

すると、おとなしい梅田が気色ばんだのだ。

「そんなことを考えてるんだったら、うちと取引をやめてくださいよ」

「いやいや、変な意味じゃないんだ。聞いてみただけだから」

あまりの剣幕にたじろいでしまい、それ以上は聞くことができなかった。彼はタイ移住後に、BOSの前身であるINGアジアに資産を預け、一方では自分でFX（外国為替証拠金）取引を繰り返して約十億円の金融資産を倍に増やしている。FX取引に千四百万円を投じて三億円も儲けた時もある。INGアジアで資産を増やしたのはシンガポール人のバンカーのおかげで、後を引き継いだ梅田には損もさせられていたが、梅田なら日本語でやり取りできたし、BOSに預けている資産を別の銀行に移す面倒は避けたかったのである。

そんなことを思い出して、ミワに質問を浴びせた。

「命の危険とは何のことですか？」

「梅田が何か事件を起こしたのですね？」

「私にどんな関係があるんですか？」

だが、ミワはただ電話を聞いているだけだった。大使館員にしては何と要領を得ないのだろう、と思って食い下がっているうちに、シンガポールで重大な異変が起きていることや、それは彼の生命にも関連する事件であることがおぼろげながらわかってきた。

――そうか、梅田は以前から何かを仕組んでいたんだな。

梅田のタイ出張は表向き、中田ら顧客との面談が目的だが、それ以外にも買春したり不動産を物色したりしていることを知っていた。彼がボランティアの医者を兼ねてカンボジアの首都・プノンペンに住んでいるときに梅田がやってきて、「ここで農園経営をやるのもいいな」とつぶやいたという。

それはBOSでは見せない裏の顔である。梅田が思いついたプノンペンの農園経営は後で重大な意味を持ってくる。ぼんやりと思い出している彼の耳に、ミワが警告を繰り返した。

「今の場所は危ないかもしれませんから、避難を考えてください」

不安が募るばかりだった。一体、BOSで何が起きているのだろうか。

彼の記憶では、BOSに電話を入れたのは、在シンガポール日本大使館から通報のあった翌日か、翌々日のことである。梅田を呼び出すと、電話を受けた女性がはっと身を固くしているのがわかった。

「あっ、ハイ、少々お待ちください」という声の後に出てきたのが、桜井であった。

「お待たせしました」と言った後、一瞬の間を置いた。中田が切り出すのを待っていたのだろう。何があったのかという問いに、桜井は、梅田が問題を起こし、中田の口座から百万ドルを詐取していることがわかりました、と淡々と告げた。

「梅田はどうしているんですか？」

「自宅待機を命じています」

「えっ、自宅待機だって！」

中田はカッとなった。依願退職にして内々に事を運ぶのではないかと思ったのだ。

「それで済むんですか！　横領したのなら懲戒解雇が当然じゃないですか！」

声を上げると、桜井が言った。

「いずれ、解雇されるでしょう」

突き放した調子だった。「申し訳ない」という言葉は聞くことができなかった。管理責任を追及されたくない一心なのだ、と中田は思っていたが、桜井も十分に衝撃を受けていたらしい。関係者によると、桜井は梅田の犯罪を聞かされた瞬間、驚きのあまり、へたり込んだという。ＢＯＳのジャパンデスクは彼の専制の下にあった。ところが、実は腹心の部下からも裏切られていたのだ。

「哀れだな」と漏らした部下もいた。

電話を切ると、どうしたことか、今度は桜井の方から電話がかかってきた。

「今すぐアパートを出てください。安全なホテルに泊まっていただけますか」

費用はこちらで持ちます、とも言った。

だが、アパートを出ろと言っても、住んでいるマンションは、受付やガードマンが常駐する高級マンションだ。部外者が簡単に侵入できるようなところではない。慣れないホテルに移るよりは、残った方がよっぽど安全だと思った。たまたま友人も遊びに来ていた。体の大きな台湾人の親友も同じマンションに住んでいる。彼に臨時のボディガードを頼んだ方がいい。

「この部屋から避難する必要はありません。面倒くさいし、ここの方がはるかにいい。友人にボディガードを頼むので、一度だけお酒を振る舞う費用をお願いできないか」

そう言って断ると、桜井は、

「わかりました。十分に気をつけてください」

と引き下がった。今思えば、桜井はシンガポール警察から連絡をするように依頼されていたのだろう。

3　口封じ

シンガポール警察の商事調査局は「Commercial Affairs Department」と呼ばれ、その頭文字を取ってＣＡＤの略称で知られる。東京の警視庁で言えば、捜査第二課というところだ。詐欺、横領などの経済事犯を扱っている。これがＣＩＤとなると、「Criminal Investigation Department（犯罪捜査局）」――つまり殺人や強盗事件のような強行事件捜査を担う、日本で言えば捜査第一課ということになる。

いずれの部局もシンガポールの金融街から五分ほど車を走らせたチャイナタウンの近くにある。ちなみに、シンガポールでは贈収賄事件は首相直轄の汚職調査局が担当している。この国は公務員の給料が高いので汚職が少ないと言われているが、政府が腐敗に敏感ということも首相直轄の理由なのだろう。

桜井の電話から二日後、中田はシンガポール警察本部六階にいた。ＣＡＤの取り調べ室である。呼び出しを受けたのである。ＣＡＤが終わると、ＣＩＤで事情聴取すると告げられていた。

主任捜査官と通訳から三畳ほどの部屋へ導かれた。白い壁の部屋には机と椅子以外は窓すらもなかった。浅黒く細面《ほそおもて》の捜査官はＣＡＤのリム・ディビッドと名乗り、中田のパスポートを手に名前や住所を確認した。

「あなたに来ていただいたのは、詐欺の被害にあっているからです。私たちは、ＢＯＳのバンカーである梅田専太郎が文書を偽造して、あなたの口座から百万米ドルを詐取したという疑いを持っています。仲間もいます。それに関連していくつかお尋ねしたいのです」

中田は息を呑んだ。捜査官は無表情のまま続けた。

「あなたの口座からプノンペン商業銀行の口座に百万米ドルが不正送金されています。送金指示書類にはあなたのサインがあるのですが、梅田に書類を渡しましたか？あるいは白紙で」

中田はむっとした。

「私はそれほど馬鹿じゃないです！　白紙書類を渡すなんてありえない。梅田がサインを偽造したんです」

　捜査官は五枚の用紙を差し出した。目の前でサインをしてみろ、というのである。彼は一枚の紙に二十回ずつ、計百回のサインを続けざまにした。ト音記号に似た曲線を持つ独特の大きなサインである。

　捜査官は手元の書類にあるサインと、それをじっと比べている。彼はくたびれた腕をぶらぶらと振りながら、偽造したやつとは全然違う、と主張した。

「ほら、そちらの偽造サインは小さくて勢いがない。縮こまっているだろ。私のものは模様のようなサインで、本名を書いているわけではないから、なかなか真似ができないんだ」

「だが、梅田はそうは供述していない」と捜査官は眉一つ動かさずに言う。

　中田から白紙書類にサインしてもらい、その書類を受け取った。それに金額を書いただけだ――。そう言っているのだという。

　同じ詐欺でも私文書偽造が加わると、罪が重くなる。だからサイン偽造は認めないのだろうか。そう言えば、出張してきた梅田は中田が送金指示書にサインするところをじっと見つめていた。模様のようなサインだから、真似をするにしてもどこから書き始めているのか、よくわからなかったのだ。あれは覚えようとしていたのだ。

——まるで映画だ。『太陽がいっぱい』だな。

ルネ・クレマン監督の『太陽がいっぱい』は、アラン・ドロン扮《ふん》する貧しい孤独な青年が資産家の息子を殺すサスペンス映画である。青年は友人の筆跡をプロジェクターで壁に拡大し、それを白い紙に何度も書き写して練習する。そして友人になりすまし、カネと恋人を奪うのだ。

梅田も狂気に駆られてサインを練習したのであろう。

事件の半年ほど前だったか、中田の家で梅田を交えた食事会をしたことがあった。その時も彼のそばでサインを凝視していた。

「そうか、あの時から梅田は企んでいたんだ」

こうした不正を防ぐために、BOSでは二つのハードルを設けていたはずだった。一つはバンカーとアシスタントのダブルチェック、もう一つは録音である。

もし顧客が自分の口座から他人の口座や別の自己資金口座に資金を送るとしよう。資金が一度外部に出る形になるので、送金指示書を受け取ったバンカーが顧客に「今から別口座に送金しますが、よろしいですね」と電話で確認を取る。その電話は録音されている。その後、アシスタントが顧客に送金内容の確認をし、「これはご依頼に基づくものとして処理してよろしいですね」と二重にチェックする。このやり取りも録音され、そのうえで送金は実行される仕組みになっている。

だからこそ、梅田は嘘をついた。中田の運用を一人で処理し、「アシスタントが辞めてしまった」と。そのうえで、送金指示書を偽造して送金を自分でしていたわけだ。しかし、そうだとすると、ＢＯＳの二重チェックなど無意味だったことになる。それに百万ドルもの大金を詐取すれば、いつかは顧客にばれてしまうはずだ。

梅田はその発覚をどう防ごうとしていたのか。

それを明かしてくれたのは、ＣＡＤではなく、ＣＩＤの殺人捜査部門の捜査官だった。中田は知能犯専門のＣＡＤで約五時間の聴取を終えた翌日、今度は強行犯捜査のＣＩＤに呼ばれている。長時間の事情聴取の後、捜査官は痛まし気に告げた。

「This is conspiracy to murder for success in embezzlement.（今回の犯罪は大金を横領し、口封じのため被害者を殺そうという陰謀です）」

――conspiracy（陰謀）か……。

そう言えばおかしなことがあった。

中田は二ヵ月ほど前の出来事を思い出した。梅田の知人とタイ料理店で飲んだ時のことだ。その料理店で中田は男が持ち込んだ酒を飲んで朦朧《もうろう》とし、翌日、体調を崩した。首の周りや関節に経験したことのない強烈な痛みが走り、吐き気がした。あれは何か毒性のものを混ぜて飲まされたのだろうか……。

中田はそうした不可解な出来事を捜査官に話したが、殺人についてはまだ計画段階にあった、と推理しているようだった。

調書に署名して帰り支度を始めたころ、紺の制服を着た年配の幹部警察官が取り調べ室に現れた。厳しい表情で注意を並べ立てた。

梅田は逮捕したが、共犯者がいる可能性があり、危ない場所には行かないこと、身の危険を感じたらすぐに警察へ連絡すること――。

いつの間にか手に汗を握っていた。父娘は犯罪者に囲まれていたのだ。彼が死んでいれば、彼の資産の全容を知る梅田が後見人におさまり、それもすべて奪う計画だったのかもしれない。

なぜ元病院長は狙われたのか。

答えは簡単だ。親一人子一人、それ以外には係累《けいるい》がないからである。

親も兄弟も亡くなり、最初の妻とも別れ、何一つ残さず日本を出た、と彼は言う。チェンマイで念願の子を宿した妻も駆け落ちして去っていった。梅田はそれを知っている。娘にすべてを残そうとして悶え苦しんでいることも、もちろん知っていた。

中田はブログでこう打ち明けている。

〈この歳にして、初めて生まれた子（お爺さんが孫を可愛がるどころではない。父親なのだ）を、思いやる余り、私も、いよいよモンスターパパか。もし私が、普通の歳の親父なら、正しくモンスターパパに近いといえるが、私は、そうではない！ それは、違う。モンスターではない。

老い先の短い老齢の父親として、私は生きている間に娘を立派な大人に育てねばならない。もし癌死しないと仮定して、かつかつ《ママ》娘が成人に達するか、どうか。娘が幼い小、中学生の内に「もし癌死すれば」目も当てられない。

日本の弁護士を娘の後見人につけることを、ケイマン諸島に設立してある自分のトラスト会社に、「My Will（遺言）」として定款してあるが、死んだ跡《ママ》のことゆえ、非常に心もとない。ハッキリ言って、私の死後、どうなるかは、分からない。過去2、3百年、戦乱が続いた欧州では、恣意的に横暴になりやすい時の政府に対抗するため、プライベートバンクの、このMy Willは、もっとも重要な機能だそうだが…。（中略）

そう思うと…居ても立っても居られない気持ちになる。いつ何時、病死で娘の面倒を見れなくなるか、悩ましい辛い気持ちで一杯だ〉

4　凄腕バンカーの逮捕

元病院長の中田に他の医師と違うところがあるとすれば、それはカネが貯まり始めたころに、究極の節税手法に関する本を次々に読破していたことである。

特に、ファイナンシャルプランナーが一九九九年に出版した『税金を払わない終身旅行者——究極の節税法PT』（総合法令出版）に刺激を受け、タイにまで持ってきていた。副題にあるPTとは「Permanent Traveler」の略で、直訳すると、「終身旅行者」を意味している。

それは、「日本の非居住者」になり、外国のビザを取得して海外に住所を移したり、滞在したり、あるいは日本と海外を行き来したりすることによって、税金を払わないまま永遠に旅行を続ける究極の節税スキームのことである。

この解説書で、著者の木村昭二は、欧米では定説になっている、PTの五つのフラッグ（国）理論を説き、二、三ヵ国間を移動し続けるスキームやプライベートバンク、オフショア金融商品を紹介している。五つのフラッグとは、

第一のフラッグ……国籍を持つ国
第二のフラッグ……ビジネスを営む国
第三のフラッグ……居宅を持つ（居住権・永住権・市民権を持つ）国
第四のフラッグ……資産運用を行う国
第五のフラッグ……余暇を過ごす国

つまり、「我々が充実した人生を送ろうとしても、すべての面で好条件を満たす国はありえない。ある国は税金が高く、ある国には兵役があり、商習慣も言葉の問題も

ある。だからこれら五つの国を適宜使い分けよう」というのである。

中田はこの理論の実践者である。それは医者時代に、朝早くから夜の十一時まで必死で仕事をした結果としてあるのだが、客観的に眺めると、日本に国籍を置いたまま、タイに居宅を構え、オフショアのシンガポールで資産運用をして資産をますます増やし、余暇はカンボジアや近隣諸国で過ごしている。

こうした本を読破する中で、彼は日本を見限ったのだった。

人間には本来、幸せになりたいという夢がある。だが、日本はがんじがらめの国で、何をするのでもうるさく言われ息苦しい。言論の自由のないシンガポールよりはまだましだが、人間が小さくなってしまう。それに比べ、タイは自由だ。

仕事をし続ける喜びを語る人がいるが、それは日本人だけではないか。欧米人は大成功したらぱっと仕事を辞める。一人で移住してかわいそうだと言う人もいるがまったく逆だ。移住するころ、彼は心の中で「みんなかわいそうにな」と同情していた。

「みんなはこれからも働くんだ。死ぬまで働きづめだなあ」

問題は、終身旅行者になると、犯罪の多い国では自分の身は自分で守らねばならないことだ。そして真の友人を見つけづらいことである。

そんな孤独な旅行者のために、プライベートバンカーは存在するのではなかったか。梅田には売春宿通いや蓄財の影は見えたが、カネについては忠実な富裕層の執事であると彼は信じていた。

その梅田の裏切りを、彼は激しくなじっていた。BOSの三人の幹部が面前にいる。真ん中に役員でもある桜井が座っていた。警察を出たその足で、中田はBOSの新しい本社を訪れていたのだった。旧本社のリパブリックプラザは賃貸だったが、こちらの中層ビルは真新しいBOSの自社ビルである。

桜井はこれ以上ないという不快そうな表情である。頬がひりひりするような空気が部屋を覆っていた。

「そもそも、おカネは返してもらえるのですか。盗まれたおカネは！」

「それは間違いなく約束します」

「銀行に預けたカネをこんな形でとられて恐ろしい目に遭ったんだから、きちんと謝ってください」

「幸い、あなたの資金はまだ手を付けられていません。そのワンミリオン（百万ドル)が警察を通じて返ってきます」

彼が望む言葉はそれ以上、ひとことも引き出せなかった。

――やっぱり、外資はドライだ。詐欺は梅田個人の犯罪であり、銀行もまた被害者であるというわけか。

BOSの幹部たちが頭を下げたのは部屋を出る時ぐらいで、それは謝罪なのか、談判が終わって幹部たちがほっとしたからなのか、彼にはよくわからなかった。

騒ぎが広がったのは、事件発覚から九日後のクリスマスの日のことである。

〈シンガポールの日本人銀行員に資産を横領された〉

こんな文章で始まる告発を、中田がブログで始めたのだ。BOSも梅田も実名である。しばらくすると、なぜかブログは削除されたが、その時にはシンガポールの金融関係者や日本人社会の間に波紋が広がっていた。ただし、新聞やテレビでは報道されなかった。シンガポールのマスコミは政府の報道管制下にあり、警察当局も積極的に発表することがないのである。

さらに三ヵ月後、中田は再び、この事件についてインターネットで発信した。

〈最悪の事件が起きて、バンコクに命からがら引越して、２ヶ月〉

と彼は書く。

〈問題の行員は既に（シンガポール警察に）逮捕済みだが保釈金を積んで保釈中、ただし国外には出られない。カンボジアの銀行にて、金融屋の某に頼んで秘密裏に作らせた私と同じ名義の口座に、私のサインを偽造した送金指示書で不正送金した。当該人物はそのうえ、詐取がバレないように私をバンコクにおいて殺そうとした。多国間にわたる複雑な事件として現在検察庁と協力して捜査中〉

そして、ＢＯＳのコンプライアンス管理体制が虚弱だったに違いない。起こるべくして起こった事件だ、とも付け加えた。

しばらくして、このブログを読んだ記者から、桜井は東京のホテルオークラで取材を受けている。このインタビューに彼は次のように答えた。

――銀行としてどう対応されたのですか。

「梅田をすぐに解雇しました。被害者に対する弁済など民事的措置は終わっています」

――被害者は殺されるところだったと書いていますね。

「それはちょっといろいろあるので……。まだ捜査中の段階なので僕ら当事者は何も申し上げることはできません」

――シンガポールの警察当局はどうしているのですか。

「（梅田の）パスポートを警察が取り上げ、所在を確認したうえで国外に出られないようにしています。一応、国内は自由です。重犯罪でない場合は、それがシンガポールの司法のやり方です」

――彼はなぜ詐欺に手を染めたのですか。

「難しいですね。彼は（被害者と）仲がそれだけよかったということだし、それはちょっと……」

――被害の規模をどうとらえているのですか。

「日本の金融機関でもそのくらいの規模（の事件）があるじゃないですか。今回は金額自体が小さくはありませんが、でも、それよりも我々が一番やってはいけないことなので、そういう金額の問題じゃないということです。

我々がやっているビジネスは、おカネを海外に逃がしたり、税金を逃れたりするものではないのですがね。最終的には日本に戻ってくるための準備をしているおカネなんです」

――つまり、顧客のおカネを預かっていて……。

「そのとおりです。だから、金額や動機がどうということではない。なので、その証拠が揃った段階で即時解雇。当時は解雇という言い方ができなかったので、『辞めてもらいました。調査中です』とお客さんには説明しましたが、今は完全に捜査中でどれぐらいかかるか、僕らもわからないです」

――クロスチェックをしているはずだが、なぜわからなかったのですか。

「彼にはアシスタントもちゃんとついていました。しかし、ちょっとこれはお答えできない質問です。ただ、もう（横領などが）起こらないような措置は取ったということは申し上げられます」

――梅田はどんな人物だったのですか？

「野球で言えば、僕たちに続くイチローのような存在だったんです。それくらい優秀でポテンシャルが高かったが、残念ながらそういうことになってしまった」

一方、ＢＯＳが会社としてこの事件の責任を認めることはなかった。事件があったこと自体を明らかにしていないのである。桜井に対する取材のあと、ＢＯＳ広報担当者が取材を受けている。その際の回答は次のように、事件はどこか他の銀行で起きたのかと思わせる内容であった。

〈当行では、ポリシーとして噂や推測についてはコメントしないことになっている。清廉さは我々の企業文化に深く根付いている価値であり、我々はすべての従業員に彼らの職務において清廉さを保ちつづけるよう期待している。あらゆる不誠実な行為に対しては容赦しない〉

桜井がＢＯＳを去ったのは、それから数ヵ月後のことである。彼は別のプライベートバンクに転職した後、日本人富裕層相手にコンサルタントのような仕事をしているという。

彼の退職が梅田事件の管理責任を問われたものなのか、それとも新たな不正が見つかったのか、それは被害にあった中田にもわからなかった。

考えてみると、わからないことだらけなのである。

梅田の陰謀はなぜ発覚したのか。

すでに富裕層の一人だった梅田がなぜ詐欺や「陰謀」を企てたのか。

共犯者は誰で、なぜ梅田一人が有罪となったのか。

シンガポールの金融関係者は、カッページの飲み屋でささやき合っていた。

「ブログを見たか？　あんなにおとなしい梅田が詐欺をはたらくとはね」

「詐欺だけならともかく、彼が顧客を殺そうとするかね」

「殺しを持ちかけられた男が自分のボスに事情を打ち明けて、『そんな馬鹿なことはやめろ』と説得されたというよ」

BOS内で起きたことが日本大使館関係者や警察、同業者などを通じて浸《にじ》み出している。小さな日本人社会でこの手の話は少しずつ広まっていくのだ。

「その話は聞いたよ。そのボスが女性アシスタントを通じて、桜井さんに告発したんだって。彼はそれを聞いて驚きのあまり、泣き崩れたらしいね」

「そうそう。その仲間と梅田は詐欺などの計画を話し合っていて、万一に備えてその会話を録音してたそうだ。それを入手した警察は『陰謀の疑いあり』と判断したらしい」

「でも捕まってないじゃないか。この間、ここの沖縄料理屋で梅田を見かけたよ」

「保釈されたんでしょ。まだ捜査中なんじゃないの」

「でも全部を解明できるかねえ。藪の中っていうこともあるんじゃないの。この国ではよくあることだよ」

中田はかなり後になって、在シンガポール大使館のミワに電話を入れたという。

「梅田はどうなったのでしょう。何も発表されないのでさっぱりわかりません。もしかしたら、うやむやにされるのではないでしょうね」

だが、返ってきた答えは、最初の電話同様に慎重で、役所の答弁口調であった。

「私どもは、それについては知らないのですよ」

間違いなく変わったことと言えば、BOSの管理体制が強化されたことである。電話での本人確認も、生年月日や住所に加え保有銘柄を三つ挙げるように求められる。被害に遭ったうえに、なぜこんなにうるさく言われなければならないのか、と中田が思うほどだ。

だが、「ほかに代わるプライベートバンクもない」という理由で、彼は梅田の後任者に全資産を託している。

シンガポール市民がこの詐欺事件を知ったのは、事件発覚から実に一年十ヵ月後のことである。BOSの元バンカー・梅田専太郎に禁固三年の判決が下り、二〇一五年九月十五日、地元の華字新聞「聯合早報」に、〈プランテーションの購入文書偽造日本国籍マネージャーに禁固三年〉というタイトルで報じられた。

聯合早報のオンライン版には、梅田の顔写真も大きく掲載されている。概要は次のようなものだった。

〈カンボジアにあるゴム農園の購入を巡って、ひとりの銀行職員が書類を偽造し大騒ぎとなっている。実に百万米ドルをプノンペンにある会社の銀行口座に流そうとし、最後は失敗に終わり、牢獄でゴールを迎えることになった。

日本国籍の被告・梅田専太郎は、昨日、確認されている三件の文書偽造による詐欺罪で有罪となり、裁判官から禁固三年を言い渡された。

四十一歳の被告は、シンガポールの永住者であり、シンガポール銀行の顧客関係マネージャー、正式な肩書は、「エグゼクティブディレクター」だった。その職務は、日本市場を開拓し、クライアントポートフォリオを管理することだった。彼は二〇一三年十二月二十四日に解雇されている。

被告は、カンボジアのゴム農園を購入しようと考え、二〇一三年にパートナーのK（記事は実名）とともにカンボジアに法人を登記し、プノンペンの商業銀行に口座を開設した。十二月十三日になって、日本人の顧客を装って送金指示書を偽造した。送金書類への署名に際し、鉛筆で署名を描いたあと、ボールペンで上書きしていた。

そのうえでシンガポール銀行系の信託会社に偽造した送金指示書類をメールし、百万米ドルをプノンペン商業銀行の口座に送金させていた〉

華字新聞の報道だったためか、それとも何らかの配慮が加わったのか、彼の地の金融街の反応は鈍く、ＢＯＳがコメントすることもなかった。現地発行の邦字紙にも報じられていない。

終章

大晦日《おおみそか》の夕方に、杉山はJR大垣駅に降り立った。二〇一三年が暮れようとしていた。母親の克子が小さな車で待っている。荷物をトランクに載せ、ふうーっと一つ溜息をついてドアを開けた。

「しんどいで」

「たいへんやなあ」

と克子が返した。年末年始に岐阜に帰省するのは四年ぶりだ。この時期にシンガポールから帰国すると、いつもの三倍以上の運賃を取られるからだ。

「あんた、ようやく帰ってきたんやで、お父さんのお墓参り行っとかなあかんよ。うちにおる間に」

父親は大垣駅北口近くの、江戸時代から残る墓地に眠っている。親子でキャッチボールをした道から歩いて数分のところだ。

「行かんかったら、あんた、ばちがあたるよ」

克子は「なんまんだぶつ」の念仏を唱える浄土真宗の熱心な信者である。田舎ということもあって兄弟が多く、寺や檀家同士の付き合いも深い。いまだに父の月命日には花を添え、お経を読んでもらっている。

「何か悪いことあったら、お墓参り行かないかんよ」

口癖を漏らす。困ったことがあったり、気持ちにけじめをつけたりしたい時に、息子は実家に戻ってくる。それがわかっている。

シンガポールから引き揚げてきて半年が過ぎていた。ＢＯＳの詐欺事件が騒がれ始めていた。彼の地で働いた同業者から噂を聞いて、なぜあんなにカネを持っていた梅田が事件を起こしたのか、と考えていた。梅田は事業で借金をし追い込まれていた、という噂もあった。

——でも、みんな藪の中だろう。あの国で起きた不祥事の多くが闇の中に消えていくのだ。

それは新興の金融国家の顔の一つである。シンガポールはクリーンで、安全で、秘密厳守の国でなければならないのだ。だが、自分もまたその金融国家の光を受け、金融の猛者たちと渡り合い、裏技と暗雲を知った。引き返せない世界に足を踏み入れているからこそ、ＵＢＩを辞めた時、経験を買われて外資系の三社から引っ張られたのだ。

彼はそのうち一社を選び、東京で働くことにした。それを克子は心配しているが、息子の人生は息子のものだ。

「いろんなこと言う人おるけど、そんなんほっときゃあいいがね」

唐突に話し出した。

「やりたいようにやればええがね」

彼が野村證券を辞めて帰省してきたときも克子は、親戚があれこれ言ってもほっときゃあいい、と言った。その言葉で救われた思いになった。

あの時、野村を辞めたのはどうしても会社を許せなかったからだ。そして株の売り子として日々を費やすことが空しかった。まだ、真っ直ぐだったのである。

その十年前と違って、今度は尾羽《おは》打ち枯らして帰ってきたのではない。シンガポールの金融ムラ社会で生き抜き、多くの金融知識を仕入れてきた。顧客の多くもついてきてくれそうだ。持てる者にもそれなりの苦悩があって、杉山はその一人一人の人生に合った運用や資産継承を担う立場になっている。もう会社の敷いたレールの上を走るのではない。自分と自分を信頼してくれる顧客のために働き、知恵を絞って考えた提案が受け入れられた時には大きな喜びを感じるようになっていた。

「今やろうとしていることは本当に自分のやりたいことだろうか」

スティーブ・ジョブズのその言葉にうなずけない時もあるけれども、空しく働いてはいないことだけは確かだ。

一方で、自分なりの計算もある。

――これから国税庁や金融庁の監視は、富裕層が国外に貯めた資産やそれを守る海外プライベートバンカーに厳しく向かうはずだ。二〇一四年の確定申告期から国外財産調書制度がスタートするのはその手始めに過ぎない。規制官庁がどう出てくるのか、その情報こそがモノを言う。

だから、海外に投資した資金や富裕層のケアは、耳を澄ませて日本と海外を往復しながら慎重に行った方がいい、と彼は考えている。

烈風が遠くで唸っている。

灯油ストーブの上でしゅんしゅんと湯気を立てるナベには二本の銚子。濃尾平野を吹き抜ける風の音を聞きながら、燗酒《かんざけ》をゆっくりと飲むのが杉山は好きだった。あれは、はるばる日本海を渡り、伊吹山を一気に下ってきた季節風だ。

親子二人の正月は、克子のおせちを挟み、向かい合って飲んだ。一段の重箱に栗きんとん、紅白のかまぼこ、田作りに黒豆、錦卵が詰まっていた。父親の喬は長男だったから一族が杉山家に集まり、克子はいつも料理の腕を振るっていた。

「どうやね、おいしいやろ」

「ああ」

若いころの克子は、三本でも四本でも銚子を転がした。一番弱かったのが喬で、その次が智一だった。酒が入ると口がなめらかになった。

「あんた、異端児やったね」

「ああ、そうやね」

そして二人は居間に飾った家族写真に目をやった。その一枚は克子が撮ったもので、喬の前に小学生の三人兄妹が笑顔で並んでいた。喬は薄いサングラスをかけ、屈折した軽い笑いを浮かべている。杉山が野村證券を辞めようとした時に父が言った言葉を思い出した。

「俺も三度、会社に辞表を出したことがあってな。それでも我慢したんや。安易に辞めるなんてあかん」

父に何があったかは知らない。きっと、大垣の街を出たい、このままでいいのか、ともがいたこともあったのであろう。確かなことは、家族を養うために退職しなかったことだ。野球の夢を追い、子供三人を大学にまでやった。

その写真の隣に、四十歳野球リーグで活躍した優秀選手賞の小さなトロフィーが並べられていた。野球を愛した喬の〝勲章〟である。

「お父さん、本当にきつかったけど、心配しとったよ。死んでからは私だけやでね、あんたのこと、信じとるの」

シンガポールでプライベートバンクや保険会社に広げた人脈を、国内で生かすのが当面の仕事だ。父が教えてくれたように、人間の財産とは、どれだけ多くの人とつながりが持てるかなのだろう。自分の葬式に駆けつけてくれるような人を、今は一人でも多くつかみたい。そして地方の大金持ちまでガッと獲ってファミリーオフィスを開くことを夢見ている。しかし、そんな生ぐさい話をしても克子がまた心配するだけだろう。

だから、「まあ、大丈夫や」とだけ言った。

「どうにもならなんだら……」と克子は熱燗を呑みながら笑った。

「あんた、サークルKで働きゃあいいがね。遺族年金もあるで、何とかなるやろ」

サークルKは地元で強いコンビニチェーンだ。野村證券を辞めた時にもそんなことを言っていた。彼はつぶやいた。

「うん、ケセラセラやなあ」

外では、伊吹おろしが高い音で鳴っている。

あとがき

都市に匂いのようなものがあるとすれば、二〇〇〇年ごろのシンガポールには、汗や涙、すずやかな花の香りが漂っていたような気がする。

そこにはまだ、太平洋戦争の傷跡が残っていて、シンガポール名と日本名を使い分けて戦後を生き抜いた残留元日本兵や元軍属が住み、華人と偽って暮らした元下級兵士の墓があった。

私が読売新聞社の社会部次長で、「アジア人間交差点」というルポルタージュを書くために訪れたころの話である。

シンガポールで出会った残留元兵士の中には、敗戦直後、マレーシア独立戦争に身を投じた過去を語り、取材の十日後に亡くなった人もいる。彼の通夜が営まれた斎場は、むせるほどの花の匂いに包まれ、「Lim Keng Swee」「別名 佐々木賢一」と二つの名前が記されていた。

陰惨を極めた戦争の語り部《かたりべ》が去り、「戦後」という時代が終わろうとしていたのだ。街には二千社を超す日系企業が次々と進出し、気骨のある日本人であふれていた。

末期がんの告知を受けながら踏みとどまって働くオールドエンジニア、「日本人はあえて採用せず」と宣言した頑固な経営者、沈没したロシア巡洋艦の財宝探しに賭けた男、飛行機事故で亡くなった夫に代わって四つの薬局を経営する女性……。

どこを歩いても、人間のドラマに満ちていた。

その〝日本人ムラ〟が一変したのは、シンガポール政府が金融立国を宣言し、富裕層を呼び込む政策を打ち出してからだ。二〇〇四年には、新たな投資家勧誘プログラム（Financial Investor Scheme）が始まった。

二千万シンガポールドル以上の資産を持つ外国人が、一定の資産を五年以上、シンガポールで維持することを条件に永住権を取得できるようになった。相続税もキャピタルゲイン課税もないオフショアに住む権利を、カネで買える時代が到来し、日本人富裕層もなだれ込んだ。

本書は、良くも悪くもそれ以降の、ニューマネーの国に生きる日本人の物語である。

私は最初に、日本からシンガポールに逃避していく新富裕層と国税当局の攻防を中心に据えようと考えた。かつてシンガポールで出会った古い日本人を支持する気持ちが心のどこかにあり、カネの匂いのする新富裕層の生態を描きたいと思った。大きく変わったシンガポールの街を二〇一四年に再び歩き、四月から六月にかけて、週刊現代誌上で「国税は見ていた（第1部）」という八回の連載を執筆した。

その過程で、新富裕層を導くプライベートバンクの人々に次々と接し、知られざる彼らの素顔を伝えたいと思うようになった。

彼らは新富裕層の「資産フライト」や租税回避を助け、大きな流れで見れば、持てる者と持たざる者との格差をますます広げる役割を果たしている。遠からず、世界の富裕層の一％が富の半分以上を占めるようになる、と言われているが、新約聖書にもある「富める者は与えられて、いよいよ豊かになる」という、その時代の案内人こそがプライベートバンカーにほかならない。

だが、ここに登場する日本人バンカーやアシスタントの多くは、怜悧で狡猾というプライベートバンカー像を覆して、人間味と向上心にあふれた人々である。一億ドルものノルマを背負って南十字星の国に渡り、異国での競争と矛盾に揉まれ、もがきながら日々を送っていた。

主人公である杉山智一氏は実名である。漫画『巨人の星』に登場する星一徹に似た父親の影響を受けた、典型的な日本人だ。仮名にした中村咲子氏や桜井剛氏も当然ながら実在の人物である。それ以外の人々も原則として実名掲載としたのは、その証言や信じがたい事実を同時代のものとして受け止めていただきたいからである。

杉山氏や銀行関係者らが証言に応じてくれたのも、「カネの執事」という特殊な仕事に一種の誇りを抱く一方で、銀行での理不尽な行為や封印されていた不祥事に疑問と憤りを感じていたからだろう。

なお、杉山氏は二〇一三年に日本に帰国し、東京の外資系金融機関で働いた後、「ファミリーオフィス」の夢を追っている。中村咲子氏はシンガポールで一足先に独立を果たし、しぶとく生き抜いている。

第七章で記したＢＯＳバンカーの犯罪の真相は、私と週刊現代編集部の長尾洋一郎氏の取材で初めて明らかになったものだ。三一五ページにインタビュアーとして登場する記者とは、私自身のことだ。事件を追うなかで、私たちが気付いたことは他にもある。

例えば、日本から富裕層の「資産フライト」を誘う〝紹介者〟の存在である。日本から富を逃避させるフライトコースが存在するのだ。その先にプライベートバンカーやタックスヘイブン法人の設立業者たちがいた。

本文にも記したが、課税逃れを可能にするペーパーカンパニーは、実に身近なところにある。多くの人はケイマン諸島やバージン諸島、パナマで作られると思っているが、シンガポールや香港の設立エージェントの机の上で簡単にでき上がる。そこまで行かなくても、東京の自宅に必要書類がキットで届く仕組みもある。

ペーパーカンパニーは、欧米で「shell（貝殻） company」と呼ばれている。世界中で利用され、必要としている富裕層と権力者がいるということだ。ニューヨーク・タイムズがパナマ文書を報じた際にも、shell companyという表現が使われていた。

ペーパーカンパニーという言葉は和製英語だが、実際に開けてみるまで中身がわからない、つまり実態不明という意味で、shell companyのほうが、「紙上の会社」というよりも、この架空企業の本質を突いているように思える。

ペーパーカンパニーを「vehicle」と、乗り物に喩える表現もある。つまり、ある目的に向かう――主に税法上のメリットを得る――ための乗り物というのだ。「shell companyは、租税回避やマネーロンダリングを実行するのに、ナンバー1の乗り物だ」と語る人もいる。

偶然だが、本書の取材を始めたころから、「オフショア・リークス」（二〇一三年六月、ネット上でデータベースを公開）に続き、「ルクセンブルク・リークス」（二〇一四年十二月、同公開）、パナマ文書（二〇一六年五月、同公開）が明るみに出され、タックスヘイブンを巧みに活用する各国の権力者、巨大企業の姿が浮かび上がった。二〇一七年からスタートする自動情報交換制度と連動すれば、オフショアやタックスヘイブン、それにペーパーカンパニーを利用した巨額の資産隠しがあぶり出される可能性もある。

ただし、shell companyはその固い貝の口を閉じ始めている。関係者によると、パナマ文書で暴露された富裕層の一部は、タックスヘイブンに置いたshell companyの口座を別のタックスヘイブンの地に移し替えたりする偽装工作を始めている。本書が刊行されるころには、資金移動を終え、国税当局が貝をこじ開けたときには貝殻だけが残っている、ということになりかねない。

だから、実態解明と追及は直ちに、かつ粘り強く行われなければならない。そして、パナマ文書を始めとする膨大な情報をもとに、国税庁がどのような税務調査を実施し、あるいは壁に突き当たったのか、納税者に対して明確な説明が行われるべきだと思う。税務情報は、政府や国税当局だけのものではないからだ。

取材の段階で、シンガポールに根差した日本人経営者の代表格である中垣忠彦氏や、新世代の経営者である木島洋嗣《ひろつぐ》氏、佐藤俊介氏ら多くの方々にお世話になった。タイ取材では、ハローニュース社の吉松こころ氏の協力を得ている。ご協力を賜った方の中には匿名にせざるを得なかった方々もいるが、さまざまな制約を超えて記録に足る証言をしていただいたことに深くお礼を申し上げたい。

また、取り上げた方々の敬称は省略させていただいている。本書は刊行まで二年半を要したために、連載時に週刊現代の編集長だった鈴木崇之氏に、今度は書籍化の担当者としてお付き合いいただくことになった。

清武英利

二〇一六年六月

『プライベートバンカー』の単行本を刊行した後、納税者の怒りを買う事実や制度改正が次々に浮上した。

たとえばそれは、パナマ文書公開によって、タックスヘイブンが私たちのすぐそばで悪用されていることがわかったことであり、相続税や贈与税逃れを容易にしていた「五年ルール」の改正であり、税務の世界的「自動的情報交換制度」の本格稼働である。

そして、この物語でいえば、第七章で取り上げた殺人未遂疑惑の関係者が私たちに真実を告発してきたことである。

事実というものは実に粘り強く、追跡者とそのときの到来を待っている。

私は刊行後、追跡取材で判明したことを、『週刊現代』で三回に分けて発表してきたが、これはその三篇を中心にさらに加筆、再構成したものである。事実のピースがそろったこの文庫版を、『プライベートバンカー　完結版』としたゆえんだ。

追跡章　真相の向こう側

1　都営アパートに潜む資産家

築四十八年のその都営アパートは、東京都江東区深川のはずれにあった。

アパートの通路に色褪せたピンクのタオルが干してあり、ひらひらと風に舞っていた。プラスチックのゴミ箱を通路に出している住人、アパートの玄関で世間話に興じる中年の女性たち、それに涼を求めてドアを開けっぱなしにしている老人世帯もあって、雑多な下町の風情を漂わせている。

アパートの前で、私はメガネを取り出し、その光景と、手にしたパナマ文書の資料を交互に見入っていた。

――何かの間違いじゃないのか？　西インド諸島にペーパーカンパニーを置く株主が、こんな2DK、三十七平方メートルの部屋に住んでいるなんて。

しかし、パナマ文書には、それを示す記載が確かにあるのだ。

イギリス領ヴァージン諸島（BVI）に、"WEALTHY LAND ENTERPRISES LIMITED"という会社を置く"shareholder"（株主）が、この都営アパート三階に住んでいることになっている。それは、中米パナマの法律事務所、モサック・フォンセカが関与したタックスヘイブン（租税回避地）法人の一つだった。

「WEALTHY LAND」とは、「富める者の地」という意味だろうか。

タックスヘイブンに法人を持つ人物は、六本木ヒルズのようなタワーマンションに住んでいるに違いない——。そんな思い込みが私の中にはあって、それとアパートの光景とには、「WEALTHY LAND」という社名はいかにも富者の会社らしいが、それとアパートの光景とには、あまりに落差がありすぎた。都営住宅について、東京都住宅供給公社はこんな説明をしている。

〈住宅に困っている収入の少ない方に対し低額な家賃でお貸しする住宅です〉

三階のその部屋のブザーを押し、何回かノックした時、横合いから小母さんが声をかけてきた。

「誰もいないよ。いるときは通路に洗濯物が干してあるから。このアパートと中国を行ったり来たりしている家族でね」

「あの、パナマ文書に……」。私が取材の意図を告げると、小母さんはそれを遮るように、「いや、パナマじゃなくて中国だよ」と言った。

「中国から帰化した人たちですよ。留守がちだから不用心でね、こんな人が多くなると困るんだよ」

「パナマ文書」は、タックスヘイブンでペーパーカンパニー作りを手伝ってきた法律事務所モサック・フォンセカから漏洩した電子ファイルである。

この文書解析にあたった「国際調査報道ジャーナリスト連合」（ＩＣＩＪ、本部・ワシントン）は、モサック・フォンセカが設立に関与したり、管理したりしている約二十一万四千の法人と株主名、住所をインターネット上で公開し、匿名性の壁を破ってタックスヘイブン法人の所有者を明らかにした。

それによって、アイスランドのグンロイグソン首相（発覚後辞任）やキャメロン・英首相（当時）、習近平・中国国家主席の親族やプーチン・ロシア大統領の友人など、世界中の指導者や経営者、その周辺の個人や企業がひそかに利用していたことが裏付けられた。

膨大な量のこの文書は、他にもたくさんのことを教えてくれる。例えば、タックスヘイブンを活用しているのは権力者や大企業の経営者だけではないという事実である。

香港などでペーパーカンパニー設立を手伝ってきた元プライベートバンカーが言う。

「タックスヘイブンを利用するのはいまや珍しくも何ともないことですよ。プチ富裕層や事業家であってもペーパーカンパニーを設立してビジネスに生かそうとするのは、日本人がお茶漬けを食べるくらい当たり前のことです。

モサック・フォンセカでなくても、香港やシンガポールでも堂々と作れる。千ドルほど出せば一ヵ月でできるんですよ。ペーパーカンパニーを設立する仕事自体もきれいなビジネスです」

珍しくも何ともない、というその言葉を裏付けるように、前述の都営アパート（低所得者向け）から歩いて約十分のところにも、「パナマ文書」に記載された株主がいる。住宅街のごく普通の中層マンションだ。

調べてみると、足立区の都民住宅（中堅所得者層向け）や練馬区や品川区のＵＲ賃貸マンション（公団住宅）にも、「パナマ文書」などに記載された株主が住居を置いている。いずれも、モサック・フォンセカなどをエージェントに使って、ＢＶＩにペーパーカンパニーを設立していた。

本書『プライベートバンカー』の取材中に、私自身が声をかけられたことがある。

「どうです、あなたも一つ、作ってみませんか？」

冗談交じりだったが、「海外に住んでいなくてもいいんです。東京にいても必要書類をキットで届けます」という言葉は強く印象に残った。まるで組み立て家具でも売るような軽い口調だった。

私はシンガポールだけでなく、日本でも多くの富裕層を取材したが、ただの大家に見えた人がペーパーカンパニーを三つも持っていたこともあった。彼の趣味の一つは、堂々たる節税手法を駆使して、税務署の調査官を「そんな手があるのか」と唸《うな》らせることだという。彼らにとって、タックスヘイブンやペーパーカンパニーを利用することは特段、後ろめたいことではないのである。

シンガポールのプライベートバンカーはこう言っていた。

「もし、自分の名前を秘匿してペーパーカンパニーを作りたい場合は、Nominee（ノミニー）と呼ばれる名義人を借りることができます。設立業者が用意してくれますよ。日本で都営アパートや公団住宅を住居地にされている方は、そのノミニーを使っているのかもしれませんね」

タックスヘイブンがいかに日本で利用されているか。それを示す数字もある。パナマ文書の電子ファイルを国別で検索すると、日本国内で三百三十八ヵ所の住所（一部は重複、あるいは詳細な住所が不明）が現れる。タックスヘイブンにあるペーパーカンパニーの取締役や株主（一部は企業）の、日本における住居地である。

これを都道府県別に見ると、東京都に住所を置く者（企業を含む）がその半数の百六十九を占める。前述の都営住宅や中層マンションの住人ももちろん含まれている。

続いて大阪府内が二十四、神奈川県二十二、愛知県が二十一、千葉県が二十、埼玉県十七、兵庫県が十六。それ以外は一ケタだが、北海道、青森から鹿児島、沖縄にまで点在している。

総合すると、タックスヘイブンを活用している個人や企業は三十三都道府県にも広がっていた。言い換えれば、日本のたいていのところに、ペーパーカンパニーの持ち主や株主が存在しているのだ。

東京都内百六十九ヵ所に住居を置くタックスヘイブン利用者（企業含む）をさらに

細分化し、二十三区別に分けてみる。港区が五十三と突出しているのは、六本木や赤坂、青山、台場などにニューマネー長者や若い事業家が住み、タックスヘイブンを活用しているからだろう。次いで渋谷区が十六、世田谷区の十一、千代田区の九と続く。二十三区内では墨田区と葛飾区以外、すべてタックスヘイブン活用者が住んでいた。

この検索と分類はパナマ文書に記載された者のみに限られており、これ以前に内部告発者の手で流出した「オフショア・リークス」(二〇一三年六月公開)や、「ルクセンブルク・リークス」(二〇一四年十二月公開)と検索の範囲を広げれば、さらに日本人の利用が多いことが裏付けられるだろう。

こうしたタックスヘイブン利用者を、国税庁調査官たちは、「黒い目の外国人」と呼ぶ。BVIやケイマン諸島のペーパーカンパニーを活用するのは、「青い目」の外国人や大企業と考えられていたが、東京国税局調査部で管理している外国法人の中には、「黒い目」の日本人経営者のものが少なくないからだという。

「その経営者が、どこにでもいる八百屋のオヤジや不動産業者だったりするんです。『なんであなたのような人がケイマンに会社を持っているのか?』と追及すると、『ケイマンなどのタックスヘイブンでなら、事業法人を設立するのに、役員などを揃える必要も、登記のためのコストをかける必要もなく、代行業者の手で短期間に作れて、国内より楽だったから』と答えるんですよ。

そうして、ＢＶＩやケイマンに形式上の本社を置き、日本の事業拠点はその外国法人の支店の形にしているわけですね。税務上は日本で法人税を払っていれば問題はないですが、不可解ですよ」

税務関係者はそう言うのだ。

疑問の残る説明であっても、タックスヘイブンがからむと税務調査は手間がかかり、実態解明は難しくなる。さらに、その経営者や会社がシンガポールや香港、スイスなどのプライベートバンクに口座を開き、その口座の資金で海外不動産投資や証券投資を行っていると、調査は一段と困難になる。

ところが、オフショア・リークス、ルクセンブルク・リークス、そしてパナマ文書と、タックスヘイブン利用の実態が明らかになったことで、日本の富裕層と海外のプライベートバンクに騒ぎが広がっている。

富裕層の一部はプライベートバンカーのアドバイスを受け、何年間も海外で税逃れを続けており、ＩＣＩＪのサイト上に自分や会社の名前が掲載されたことで国税当局に尻尾をつかまれるのでは、と恐れているのだ。

シンガポールとＢＶＩを利用して約十億円の証券運用を続けてきた女性がいる。

彼女は関東在住だが、十年前にシンガポールのプライベートバンカーの勧誘を受け、ＢＶＩにペーパーカンパニーを設立した。会社の役員には名義人を立てているから自分の名前は表には出ない。そのうえで、ペーパーカンパニー名義で約十億円の資金をプライベートバンクに預け、証券運用を続けていた。運用益は毎年五千万円を下らないので、これまでに五億円以上の運用益を得てきたが、税務申告は一切してこなかった。それが、ＩＣＩＪのサイト上に、いきなり彼女のペーパーカンパニーの名前が掲載された。自分の名前そのものはなかったから、国税局が果たしてこのペーパーカンパニーから自分にたどり着くか、ドキドキする毎日だという。

ＢＶＩは前述のようにタックスヘイブンの島だ。オフショア（課税優遇地）に分類されるシンガポールもキャピタルゲイン（債券や株式の売買益）課税はないが、こうした非課税のメリットを享受するには、日本に生活の拠点がない「非居住者」でなければならない。彼女の場合は、すべて日本で申告し、約二十パーセントの税金を納付しなければならなかった。海外口座を経由して投資していようと、実際に日本居住者なのだから納税の義務があり、これまでの行為は税逃れの疑いが強い。

彼女の会社の名前が掲載されたいま、これまで通りに納税を無視すれば、より悪質な脱税と判断され、強制調査を受ける可能性も出てくる。彼女は二〇一三年度分の確定申告から始まった「国外財産調書制度」にも違反してきたのだ。

この制度は、海外に五千万円を超す資産を持つ国民に対し、海外資産の内訳明細書を税務署に提出することを義務付けたものだが、彼女がプライベートバンクにあったペーパーカンパニー名義の資産を国外財産調書に記載すると、五億円もの証券運用益の所得隠しが発覚してしまう。このため、国外財産調書の無申告は罰則があるのを知りながら、頰かむりしたままだったのである。

さて、パナマ文書騒ぎで、「自分の脱税も見つかるだろう」と観念して自主申告するか、それとも別のタックスヘイブンの国へ資産をこっそり動かすのか、あるいはこのまま放置するのか——。彼女とプライベートバンカーは協議を続けていた。その結果はどうなったのだろうか。

二〇一七年からは富裕層の海外資産を把握するため、国家間の「自動的（税務）情報交換制度」がスタートした。二〇一八年九月の時点で百一の加盟国と地域が初回の情報交換を終え、これから毎年一回ずつ情報交換を行うという。各国の国税当局の包囲網は絞り込まれつつある。海外への〝資産フライト〟を続けてきた富裕層の実像がようやく形を現すのか、それとも新たな租税回避策が生まれるのか、カネの時代が大きな転換点を迎えている。

2 親子殺害を依頼された男の告発

告発者は、『プライベートバンカー』の刊行から約四ヵ月後の二〇一六年十一月中旬、カンボジアから来日し、講談社のインタビュールームに現れた。そして、私たちに証言を始めた。

「私は、シンガポールのプライベートバンカーから親子殺害を依頼された」というのだ。つまり、第七章で取り上げた「Bank of Singapore（BOS）」の梅田専太郎が元病院長を狙った事件で、梅田から犯行を持ち掛けられたというのである。その冷酷さに驚き、シンガポールの警察に告発して捜査協力したのも自分だという。

彼は録音データやシンガポール警察での陳述書類、メール送受信記録を携えていた。それでも迂闊に信じられないと思った。あまりに衝撃的な録音や陳述内容である。

だが、告発者が隠し録りした録音データ類を関係者に聞いてもらって検証し、裏付けに二ヵ月間歩いて、この証言はＢＯＳが語らぬ事実の残り半分を埋めるものだと、私は確信するようになった。

「七十手前のおっさんがころがってても別に警察は動かん」「(娘も）一緒に消えるなり、もしくは、しゃべれなくする、眼を見えなくする」

その録音に、完全犯罪の目論見と、海外に逃避する富裕層の危うさを笑う、バンカーの声があったからだ。

告発の動機について、「プライベートバンカーを巡る事件について真相を公表し、家族のためにも自分にまつわる誤解を解きたい」と彼は言った。カンボジアで農業ビジネスを展開しているが、ここではＸ氏としておこう。蛇足ながら、私は書き手の端くれなので、彼には一円の対価も払っていない。

インタビューを開始し、録音データを聞いて、「冷血」という言葉を私は思い浮かべた。それは、梅田という四十代の辣腕《らつわん》プライベートバンカーがX氏に顧客殺害を依頼する、二人の密談だった。

梅田は当時、シンガポールの名門銀行BOSジャパンデスクのエグゼクティブディレクターだった。二〇一三年十二月に発覚した百万ドル詐取事件を巡って、二〇一五年九月に禁固三年の判決を受けている。罪に問われたのは、梅田がタイに住んでいる日本人顧客・中田七海の筆跡を真似て送金指示書を偽造し、その口座からカンボジア法人に百万米ドルを送金していた、という詐欺事件である。

被害者の中田は「私は殺されかけた。シンガポール警察にも『この犯罪は大金を横領し、口封じのために被害者を殺そうという陰謀です』と言われた」と主張していたのだが、物証はなく、銀行側が口をつぐんでいるため肝心の殺害計画疑惑はうやむやになっていた。ところが、この録音データには、その計画が生々しく記録されている。被害者の推測は正しかったのである。

こんな会話が録音されている。

まず、中田をどうするつもりか、とX氏が梅田に尋ねる。すると——。

梅田　行方不明がいいですね。ただ、出たところで大丈夫です。というのは、（遺体が）出てきちゃうじゃないですか。そうすると、実際に息が止まった日が特定される可能性がある。送金作業というのはそのあとなんだよね。完全に疑われるわけです。誰って、その送金を確認したのは（私だから）。ただね、うちにある口座というのはこのおっさん名義の口座じゃないんです。（タックスヘイブンの）ジャージー島にある全く別の名義になっている。

会話が録音されたのは二〇一三年十一月二十一日夜。密談の場所は、シンガポールのインターコンチネンタルホテルのラウンジである。隠し録りの事情は後で述べる。

ここで梅田が言う「おっさん」とは、約二十億円の資産をＢＯＳで運用している前掲の中田で、二〇〇四年に日本で経営していた病院を売り払ってタイに移住していた。梅田はその担当で、シンガポールとタイを行き来して取り入り、資産の全容を把握していた。中田を殺してもタックスヘイブンがらみの口座の存在は自分にしかわからないというのだろうか。Ｘ氏は疑問に思って聞く。

X　銀行は担当者に不正をさせないために徹底しているじゃないですか。

梅田　今その動きがどんどん、どんどんきつくなってるから、これ、早くしないとヤバいなというのはあります。

X　銀行は、このターゲットの存在を知ってるんですか？　その（銀行の）紐はついてないんですか。

梅田　もちろん、知ってます。ですけど、あのおっさんがどこかの企業の重役とかだったらともかく、放浪者、日本出て十何年、じじい。ほとんど、ミドルホームレス。まったくわからないです。事件になっても、いちいち、そんな（動かない）。あるとすれば、おっさんの相続人が、「うちの父がここの銀行に」と言う場合ですけど、おっさんの唯一の身内は六歳の女の子一人だけ。

中田はタイで小学生の娘と二人きりで暮らしている。母親である現地女性とも別れ、日本の係累を断っていた。その部屋に出入りできる梅田は、日本人富裕層を専門とするBOSジャパンデスクでナンバー2の収益を上げ、信頼を得ていた。自らも子供を抱える、その青白い金融エリートが、顧客の娘について言及したことで、X氏は思わず問い質した。

X　その女の子はどうしたらいいんですか。

梅田　孤児院に百万円でも置いて、「わけを聞くな」と言って、預かってほしいところですけど……。道義に反しますけど、一緒に消えるなり、もしくは、しゃべれなくする、眼を見えなくする。（中略）人間は見なかったり、聞かなかったりしたことは思い出せないじゃないですか。でも、見たり聞いたりしたら、何か将来的な技術で、『バック・トゥ・ザ・フューチャー』のように記憶があれ（再生）できるかもしれないから。

孤独な資産家は親身になってくれるプライベートバンカーに公私ともに依存し、彼らの手で、一見するだけではわからないように資産が隠されている。タックスヘイブンに開いた別人名義（ノミニー）口座の在りかは、資産家一家が消えるとそのスキームを考えたバンカーだけが知っているということになりかねない。富裕層家族の姿がサービスアパートから消えても騒ぐ隣人はおらず、犯行は容易に発覚しないのだ。梅田はその間に中田の資金を横取りすることを示唆しているようだ。

X　この間の話では、娘さんが不憫《ふびん》だという話もあったが。

梅田　（娘も）残さないほうがいいと思います。その子に対しては良心ないんで、一緒だと思います。ただ、七十手前のおっさんがころがってても別に警察は動かんと思うんですけど、さすがに若い六歳の女の子だと。

X　アパートの家賃は？

梅田　数ヵ月先払いをしているから大丈夫。ただ、理想を言うと、行方不明にしつつ、おっさんの部屋にあるうちの銀行との取引の形跡、これを持って帰りたいなというのはあるんです。

こうしたおぞましいやり取りが約三時間にわたって続く。梅田はこう言い出した。

梅田　僕がチームにかかわったらまずいですか。僕は、おっさんの家は出入り自由なんです。確実に泊まりに行けると。鍵がゲットできるわけです。おっさん、酔わせて、ベロベロで……。

こんな人間がバンカーを務めていていいのか。X氏はだんだん怒りがこみあげてきた。

X　梅田さん、ずっと銀行員するんですか？

梅田　相当きついですよ。コンプライアンス疲れと、検査、検査で。一億、二億じゃ、一生安泰じゃないですからね。

後にシンガポール警察に提出した陳述書に、X氏はこう記している。

〈このような人間を金融業界にとどめておいては絶対にならない。今後二度と金の力で人の命すら狙おうとするようなことをさせてはならない、と強く心に誓いました。また、他にも不正を働いているのではないか、という疑いをさらに強めることにもなりました。何としても梅田を金融業界から追放されるように仕向け、現在、梅田が所有している資産も、自分の不正を償うために吐き出させなければならない。そのために更に私の計画をしっかりと練らねばならないと考えたのです〉

そのX氏と梅田とのつながりは商談から始まっている。二〇一三年十月下旬、知人から紹介された梅田は、X氏にこう持ちかけてきた。

「五億円ほどの金額を租税回避のために一旦カンボジアに移動させたい。移動させる資金の二パーセント（一千万円）を手数料として支払うので、手伝ってもらえませんか」

協力を約束して約二週間後にバンコク市内のスターバックスで会うと、話が変わっていた。

「実は、あの件の話が少し大きな話になって、手数料は二億円になりました。ちょっとお願いしにくい話なんですけど、『ゴルゴ13』になってほしいんです」

『ゴルゴ13』は、さいとう・たかをが描く劇画で、主人公は凄腕のスナイパーである。

「人ひとり殺《や》っちゃいたいんですよ」

梅田は、ターゲットは中田であること、この資産家がタックスヘイブンの信託会社で抱える資金を自由に動かせること、さらにタイの殺し屋に三百万円払ったり、日本の暴力団関係者に殺人依頼をしたりしたが、いずれも実行できなかったことなどを遠回しに語った。そしてこう付け加えた、と陳述書にはある。

「アパートの一室のスーツケースの中に、スタンガンやロープを隠しています。実は今から会う顧客がそのターゲットなんです。道具を取りに行って、一緒に殺ってもらえませんか？」

仰天したX氏は何とかごまかし、別れた後に考える。「何かの聞き間違いや壮大な勘違いではないだろうか？」。

X氏は悩んだ末に、「梅田に思いとどまらせるか、犯行を未然に防ぐ方法はないものか」と知人に相談した。その結果、依頼を受けるふりをすることで当面、新たな動きを阻止し、殺人の証拠となるものを集めよう、と決意したという。

そしてバンコクで依頼を受けた六日後、シンガポールに向かった。チャンギ国際空港のトイレで、X氏は小型マイクをガムテープで胸に貼り付け、車で迎えに来た梅田と会った。そして、インターコンチネンタルホテルのラウンジで食事をしながら、前述の殺人計画を録音したという。

この後、事件は双方の当事者の思惑が異なることから、複雑な動きを見せる。

X氏側は直接、警察に録音データを持ち込むと、自分の家族などにも危険が及ぶため、知人を通じてBOSに証拠を持ち込み、BOS側に真相究明や処分、警察への通報を求めた。一方、この間に梅田は被害者のBOSの口座から百万ドルを詐取し、X氏が関与するカンボジア法人に前触れなく送金（後でX氏が返金）してきた。

これが詐欺事件の動かぬ証拠となったが、実際にはそれは、「殺人依頼の報酬前払金として梅田が振り込んだ金」（陳述書より）だったという。

梅田がBOSを解雇されたのは、犯行計画をX氏に漏らした約一ヵ月後の二〇一三年十二月二十四日。陳述書によると、梅田はその直前にこんな電話をX氏に掛けてきた。

「昨夜、帰宅するとシンガポール警察のパトカーが待機しており、いきなり身柄を拘束された。容疑は顧客の金を他人の口座に振り込んだことらしいが、『お前は誰かを消そうと企んでいるのではないか』とも聞かれている」

結局、梅田は詐欺罪だけで起訴され、殺人計画の疑惑で立件されることはなかった。その理由は不明だが、X氏は私のインタビューに対して、「私自身はどうすれば中田や娘さんの生命を守ることができるのかを考え、確実な方法を選択したと自負している」と話し、こう続けた。

「カンボジアは貧困国で、非常に悲しいことに数千ドルも渡せば殺人を請け負う人間が多数存在していると言われている。逆恨みをされる恐れもあるため、これまで沈黙を守ってきたが、誤解している人もおり、思い切って公表に踏み切った。梅田は結局、警察に逮捕され、金融業界に戻ることが不可能になった」

一方、この事件について、X氏から相談を受けた知人は「梅田が会話の中で、『娘も殺っちゃいましょうよ、あはは』と笑っているのを聞いて、愕然とした」という。「犯行を止める意味と、梅田の真意を確かめるために僕がテープを録ってきてもらった。そのテープをもとに、『銀行をやめろ』と説教をして終わらせるつもりだったが、人間として腐ってると思った。梅田にも小さな子がいるのに人としてあり得ない。それで銀行に下駄を預けようと考えた」。この人物が、第七章でBOSの桜井剛に面談して事実を告げた。そこから事件が急転直下動いたというわけだ。

梅田の元同僚の中には、「薄ら寒さを覚える」という一方で、こんな冷血行員に育て、犯行を許した欠陥はどこにあったのか、明らかにされるべきだという声がある。

プライベートバンカーは、ただの銀行員ではない。「富裕層の執事」と呼ばれ、通常の銀行業務や資産運用に始まって、資産家の財産を守るためにあらゆるサービスを提供する存在だ。だからこそ富裕層は彼らにすべてを託す。この事件で被害に遭った中田はその後も全資産をＢＯＳに任せていた。

「カネの傭兵」はなぜ冷血動物に変わっていったのか。それをチェックしなかったのは誰なのか。コンプライアンスと情報開示が求められる現代にあって、標的となった中田には、銀行などからの十分な説明はなかった。

3　元病院長の「最期」

告発者が登場して約五ヵ月、詐欺被害にあった元病院長からのメールがしばらく途絶えたころだった。カンボジア在住の友人と称する人物から突然、電話がかかってきた。

「中田七海さんが脳出血で倒れました。バンコクの病院で療養中ですが、重症で口も体も利きません」

中田はＢＯＳの敏腕バンカーだった梅田に騙され、信じるものを失っている。そのために取材者に過ぎない私に、「良いプライベートバンカーを紹介してくれ」と何度も連絡をしてきていた。書き手の矩《のり》を超えられない私は、それを半ば無視していたので、少し申し訳ないような気持ちを抱いた。だが、中田は元医師であり、子供が幼いということもあって、健康には人一倍気を使っていたはずだった。

　中田に会った一年前の暑い日を、私は思い出した。東京から取材に行ったのだ。

　彼はバンコク・スワンナプーム国際空港にサンダルを突っ掛け、娘の手を引いて現れた。油っ気のない白髪に白いひげ。洗いざらしの半袖シャツを第二ボタンまで開けている。小学生の娘はピンクウサギの着ぐるみ風ウェアを着て、古希を超えた父親の腕にぶら下がり、無邪気にまとわりついて声を上げた。どこにでも連れていく、たった一人の肉親である。

　空港の駐車場にはメルセデス・ベンツの四人乗りオープンカーが停めてあった。銀色に輝くカブリオレを見るまで、この二人が約二十数億円の金融資産を抱える富裕層だとはどうしても信じられなかった。

「以前は六千万円の船でクルージングをやってました。でもオーシャンライフもあほらしい。ヘリコプター？　飛行機は恐ろしい。せいぜいランボルギーニとか、こんな車にお金をかけるぐらい。食事に莫大なお金をかけたら、体がぽしゃってしまいますよ」

彼はチェンマイで現地女性と再婚し、初めて子供を授かったが、妻はオランダ人に寝取られてしまっている。

「まだまだ一人で頑張らないといけないのですね」

私が声をかけると、中田はハンドルを切りながら話を引き取った。

「娘がまだ幼いのでね。私が死んだらいろんな人間が寄ってたかって（財産を）取りに来ますよ。何をされるかわからない、そんなのがウヨウヨいるんです。だから、長生きをせざるを得ない。とにかく全力を尽くして長生きをせざるを得ないんです。係累がいるということは、本当に大切なことなんですね。ところが、私にはその信じられる人がいない」

誰も信じられない、という気持ちは、金融資産を預託していた梅田に裏切られたことで募る一方なのだ。その怒りと人間不信が、私のインタビューを受けるきっかけになったようだ。

健康第一と言いながら、ベンツのアクセルを踏むと、中田は一気に若返った。暴走に近いスピードで道路を突っ走り、空港から約三十分でバンコク中心部のタワーマンションに着いた。ガードマン付きのゲートが開き、制服のコンシェルジュたちが控える玄関を通って高層階に着く。２ＬＤＫの部屋は家政婦を雇っていないためか雑然としていて、借用したトイレの便器は黒ずんでいた。腰を落ち着けると、私は矢継ぎ早に質問した。

——なぜ、あなたが狙われたのですか。

「簡単ですよ。親、兄弟が亡くなり、妻とも離婚して、娘とたった二人だけでしょ。私はカネを持っていて年寄りだ。若い奴が死んだら事件だけど、私ぐらいの人間が死んだら心臓麻痺か病気で死んだとしか思われない。犯罪をする側からいえば、安心なターゲットですよ」

——富裕層同士の連絡、つながりはないんですか？

「情報交換したいんだけど、横のつながりはゼロだね。金持ちは友達が少ないです。孤独ですよ」

取材に同席した彼の知人が言う。

「バンコクにはＢＯＳの日本人顧客だけで十何人もいるらしいですが、金持ちの顔を知っているのはプライベートバンカーだけです。彼らは生活面まで立ち入って資産から家族まで全部知っています。だからサインも偽造できるのでしょう」

全力を尽くして長生きをせざるを得ない、と言っていたその彼が倒れるとは……。避けられない運命なら、きっと前触れを受けてから、この不運に来てもらいたかったことだろう。

間もなく、友人を通じて、日本の身内探しを私に頼んできた。といって、情報のない私に何ができようか。(いまさら何を望むのか)とも私は思っていたのだ。親族との縁を絶って異国へ逃れ、「カネを持っていることがわかると、せびる奴がいますからね」と言っていたではないか。

たしか、名古屋に親しい弁護士がいる、と語っていた。彼のブログを見たり、取材メモをひっくり返したり、あたふたしているうちに、彼は日本大使館の世話で植物状態となって帰国してきた。大阪に親族が見つかったようだ、と友人が言う。

大阪の病院に面会に行くと、彼は体中にチューブを刺してベッドに横たわっていた。「わかりますか?」。話しかけても天井を凝視したままだった。「聞こえていますよ」と看護師が言う。促されるように私は続けた。

「あなた、私に言ったじゃないですか。『長生きをせざるを得ないんだよ』って。『死んだらいろんな人間が寄ってたかって財産を取りに来る』と言いましたよね。お嬢さんが大きくなるまで頑張りましょう」

（俺は何を言っているのか）と思ったが、白々しいこの言葉以外に思いつかなかった。本当は、一緒に帰国したはずの娘さんのことは大丈夫ですよ、と言いたかったのだ。

　彼の人生の最後の望みは、使いきれないカネを愛娘に残すことであった。節税スキームを構築するとカネは貯まる一方だったのだ。だから、朝起きて娘の弁当を作り、タイの日本人学校に送り出す。それからベンツで食材や娘の弁当のおかずを買いにスーパーに行く――そんな日々だった。

「娘が健康でいるようポリフェノールと食物繊維が多い黒米を炊いて、白米と混ぜて食べさせています。いつも弁当のおかずを考えていますね。腹巻きも必ずさせています」

　使いきれない資産と娘の弁当。この落差ある悩みのうちに富裕層の一日は過ぎていく。そして理解しがたいのは、あれだけひどい目に遭っていながら、係累との縁を断っているため、その後もBOSのプライベートバンカーを頼みとせざるを得なかったことである。

「プライベートバンクで運用して金を儲けるということを娘に少しずつ教えています。ポートフォリオを見せるのはまだ早いがね。梅田の後任のバンカーと三人でご飯を食べたりしているんですよ」

だが、その娘の居所すら私にはわからない。日本で施設に引き取られたと聞かされたが、確かめる術もなかった。

私が病院を訪れてから五ヵ月後の二〇一八年六月に、彼は力尽きたという。友人や、中田の住んでいたタワーマンションの管理事務所が、現地の日本大使館から「中田さんは亡くなった」と告げられていた。私自身には彼の死を確認できないが、悲運に見舞われたことは間違いない。友人によると、マンションにあった彼のベンツはどこかに消えていた。友人はもっと消えていくだろうと言う。異国に一人住むとはそういうことなんだ、と。

一方、彼を騙し殺そうとした梅田はすでに出所し、シンガポールと日本を行き来しながら金融業界で働き始めているという。中田は以前、「模範囚らしいから、短期で刑務所を出てくるだろう。これは本当に不快だ」とメールで書いていたが、異能の梅田はしぶとく生き抜いていくに違いない。

被害者はついに倒れ、加害者は復活する。人間の運命は振り子のように、幸運と不運の間を行ったり来たりするのだとしても、これも人生というなら、天の配剤はすこし間違っていないか。

残された彼女の振り子はどちらに振れるのだろうか。悲しいが、私にできることは多くない。彼らの危うい人生をこうして書き残し、あの資産が彼女の手に渡るように祈ることぐらいだ。

（文中敬称略）

文庫版特別対談

佐藤浩市（俳優）×清武英利

「（俳優って）ともかく現場に自分の身体を持って行って、それでおカネをもらっているわけで、自分の汗のついた一万円札って、やっぱりダメなんですよ。簡単には使えないなと思います……」

佐藤浩市さんはそう語る。昭和の名優・三國連太郎の長男として生まれながら、父の名をいっさい借りることなく、独力で俳優の道を切り開いた。二十代の駆け出しのころはかなり貧しい思いも経験したという。「汗のついた一万円札」こそが信じられるという佐藤さんの言葉には、実感がこもる。

一方、本書『プライベートバンカー』に登場する資産家たちは、人も羨む多額の財産を手にしながら、それを守るために汲々としたり、ときに命を狙われたりする。カネがないことも苦しいが、カネはあるほどにのどが渇いていく——。

「人間の生き様とカネ」について、ドラマ『石つぶて』に主演した佐藤さんと、清武さんがこの文庫のために緊急対談した。

（構成・講談社企画部）

反骨の刑事を演じて

清武　二〇一七年秋にWOWOWで放送された『石つぶて　外務省機密費を暴いた捜査二課の男たち』は、佐藤浩市さんに主人公の警視庁捜査二課・木崎睦人刑事を演じていただき、本当にいい作品になりましたね。

木崎刑事のモデルになった中才《なかさい》宗義さんは廉吏《れんり》を絵に描いたような元捜査二課刑事で、無理を言って撮影現場を見てもらったのですが、演技に心打たれたようでした。帰り道、歩きながら、「このドラマは、五つ星だな」と漏らしていたくらいです（笑）。彼の予想通り、日本民間放送連盟賞（平成三十年度）テレビドラマ番組部門の優秀賞を受賞、担当プロデューサーの岡野真紀子さんは放送ウーマン賞を受賞しました。

佐藤　こちらこそ、ありがとうございました。

中才さんには、刑事部屋のセットでご挨拶したんですが、思ったより高揚されていましたね。清武さんの原作を読ませていただいた印象ではもっと寡黙な方かと思っていたので、少し意外でした。ドラマ化されたことで、ご自身がいままで積み上げてこられた地道な仕事に光があたって、報われたというお気持ちだったのかもしれません。捜査二課の情報係主任だった中才さんは、情報源と会った際のコーヒー代や昼食代をすべてポケットマネーで支払い、捜査費をあてにしない、おカネに対してきわめて潔癖な刑事だったそうですね。

自分の職務に忠実に、一点の曇りもなく生きたいという、見方を変えれば少し偏屈な刑事だったのかもしれませんが、詐欺や贈収賄など、二課がターゲットとしている被疑者と自分とは、まったく真逆の人間なんだという刑事としてのプライドの表れなんでしょうね。

清武 中才さんは、警視庁を六十歳で定年退職して八年以上経ったいまも全然変わらないですよ。退職したあとは嘱託職員になり、犯罪被害者遺族の支援担当として五年間働き、その後も過去の人脈に頼らずに生きています。ハローワークで見つけたプール監視員の指導役をしていて、この夏もすごく忙しくしていました。

中才さんと佐藤さんでは見た目は似ても似つかないですけど、佐藤さんの演技を見ているとやはり共感すると言います。捜査員同士で立ち食いソバを食べながら語り合うシーンに、公園で立ちションするシーンまでありました。実はあれ、原作にないんですが（笑）。

佐藤　あのシーンは私のアイデアです。すみません（笑）。

日頃、汚職事件の摘発に寝食を忘れて取り組んでいる捜査二課の刑事が、巨悪に対峙する、対峙できると思った瞬間の高揚感を、どう表現しようかと監督と話したとき、公園の公衆便所で小便する、フワッと何かが広がっていくというイメージが自分のなかであったので、ああいうシーンにさせてもらったんです。

清武　やっぱり事件の端緒をつかんだときというのは、ものすごく興奮するそうです。誰にも話せないから、よけいに自分の心の中だけで、沸き立つものがある。この事件をあげたい（立件したい）、という気持ちは強烈にありますし、実は彼らは一匹狼のようでいて、一匹狼ではないんです。中才さんのような職人肌の刑事を評価して、ひそかに応援している人というのが必ず何人かいるんですよ。

佐藤　中才さんのように、刑事としてのこだわりを外にもはっきり見せている人は偏屈と言えば偏屈ですが、その偏屈さを良しとして認める人には中才さんのほうも心を許すんでしょうね。

清武　そうでないと、人がついて来ないですから。

富裕層の飼育係

清武　私は新聞記者時代から、『石つぶて』に出てくるようなクセの強い刑事さんとか、国税庁の調査官とか、たたき上げて心にプライドを築いた人たちと深く付き合ってきました。私の父も捜査一課の元刑事だったのですが、そんな現場で汗を流す人種の中に、組織からはみ出しても自分を貫こうとする人がいる。そういう人を見つけるのは取材の喜びですね。

今回文庫化される『プライベートバンカー』の主役は野村證券を退職後、シンガポールの金融の世界に飛び込んだ人物です。刑事とは全然違う職種ですが、でもそういった人たちの生き様をジッと見ていると、野村とか、大和証券、あるいは大銀行といった大組織に飽き足らなくて飛び出した人、組織からはみ出した人が結構いるんです。

上層部の指示に疑問を感じて抗ったり、組織から飛び出して金融についての技術を磨いて勝負しようというような人と、私は多く会ってきました。

そういう意味では、『石つぶて』も『プライベートバンカー』もテーマが共通するところはあるんです。そういうはみ出し者の顔つきというのはどこか似通っていて、自分から声をあげず、自己アピールが苦手でじっと後ろのほうの列に我慢強く並んでいる一匹狼タイプの人ばかりなんですよね。私に言わせれば「後列の人」です。

佐藤　なるほど。

清武　『プライベートバンカー』の主人公の杉山智一氏のお父さんは高校野球の選手から監督に転じた人で、杉山氏は小さいころから野球選手になれ、と言われて育った。星一徹と飛雄馬みたいなものです。ところがそれに反発して、中学からサッカーに転じてしまう。

佐藤　強烈な父の個性に抗いたいという気持ちは、なんとなくわかりますね（笑）。

清武　お父さんが「金融なんて」と言うので余計に反発して、そちらの世界に踏み込んでいったという反骨の人なんです。

佐藤　『プライベートバンカー』を読ませていただいて、もちろん、おカネが嫌いだという人はいないと思うんですが、おカネというのはあるボリュームを超えてしまうとリアル感がなくなってしまうと思うんです。札束というのは意外に重くて、一千万円の束だと約一kgになる。一億円で十kg、三億円事件の犯人は三十kg、プラス、ジュラルミンケースを持って逃げたということになるんです。

普通の人間は、そのくらいの額、つまり自分で持って歩けないくらいのオーダーの金額になると、リアリティを感じられなくなってしまう。

だけど、この作品は、それ以上の額のおカネと対峙している人たちの物語なんですよね。巨額の資産を持つ富裕層と呼ばれる人たちを、プライベートバンカーたちはまるで動物園の飼育係のように、それぞれタイプ分けしながら、巧みに餌を与えている。笑いながら、でもどこか笑えない怖さがある。

清武　動物園の飼育係ですか（笑）。なるほど、そういう一面もあるかもしれませんね。シンガポールで取材していると、そこには日本人村のような独特のコミュニティが形成されていて、私のように英語が苦手でもあまり不自由を感じないんです。

彼ら金融の世界にいる人たちに聞くと、金融商品を扱うのは車を売るのと同じような感覚で、ベンツ一台売るようなものだという。一億円とか十億円とかいうのはもはや記号にすぎなくて、あくまで合法的にやろうとしている人もいるし、すれすれのところで儲けようという人もいる。

　プライベートバンカーの中には、脱税や節税の介助をしたり、住専マネーを隠匿し、金庫番をしていたりする人もいる。その一方で、自分のスキルを高めるために海外に飛び出す人もいるし、日本だとなかなか突出した運用手段がないから、金融の世界で野心を持って生きようという人はやはり外に出ていくのでしょう。

資産隠しの抜け穴

佐藤　正直言って、僕自身はおカネにそれほど興味のないタイプですし、ここに書かれているような世界とは縁がないほうだと思いますが、このぐらいリアルにおカネを持っている人がいることはよく知っています。
　僕はゴルフが好きなんですが、脱税や詐欺のような罪で逮捕されて、収監されていたという人とゴルフ場で一緒になることもあります。ただ、僕らのような人間からすると、刑事罰が意外に軽いなという印象もあるんです。脱税も詐欺もどんどん新手が出て、法律もそれに合わせて追っかけっこになるんでしょうけど、やや後手後手にまわっているような。

清武　そうですね。

長い間、国税庁調査官たちに取材をしていると、面白いことを言う人がいる。「自分たちが、全部の抜け穴をふさぐことはできない」。ふさいだつもりもない、と率直に認めてもいます。

佐藤　昔の映画では、何か大きな裏のカネの動きがあると必ず、「スイスの銀行の口座に」というのが決まり文句でしたけど、最近はそれもなくなって、オフショアとか、タックスヘイブンのようなところに資産を隠すようになっているんでしょうね。

しかし最近はパナマ文書が公になったり、各国の徴税当局が連携して相互に情報を交換し合うようになっているそうですから、資産隠しはますます難しくなっているんでしょうね。

清武　そうです。徐々に隠し資産の捕捉は進んでいますが、それでもまだ途上にあると、私は見ています。

新聞記者時代、一九八九年から三年間、国税庁を担当しました。当時からすでに海外に投資するということはあったと思うんですが、国税にとっては不動産脱税のような脱税事案が関心の中心にあって、海外にはほとんど手が回っていなかったと言ってもいいと思います。

佐藤　その時代状況ともっともシンクロしていた映画が『マルサの女』だったと思うんです。

宮本信子さん演じる女主人公の国税職員の描き方が、まさにそれだったですね。畳の下に一万円札を敷き詰めたり、仏壇の裏に隠したり。いまもまだそういう生臭い手法はあるんでしょうけど。

清武　富裕層の節税のスキームは当時とはだいぶ変わりましたけれども、税法の隙間を突こうという人は現実的にはなくならないと思います。

先ほど佐藤さんが指摘されたように、ＯＥＣＤ（経済協力開発機構）加盟国を中心に、銀行口座の情報を相互に教え合う「自動的情報交換制度」が二〇一八年九月から本格的に動きはじめました。全世界一斉に始めるので、国税当局はデータを突き合わせることで海外に逃避した資産をかなり捕捉することができるようになると思います。

ただ問題は、カンボジアなどこの制度導入が遅れている国もあり、加盟国でも現実には制度が十分に機能しない国もありそうです。そういう国を敏感に嗅ぎ分けておカネが逃れていくでしょう。

佐藤 そうでしょうね。常にそういう税逃れのスキームが残る地域や、国にマネーが流れていくんでしょうね。

清武さんは、巨額の資産を持つ富裕層の人たちにも取材されたと思いますが、実際にお会いになって、どういう雰囲気の人たちなんですか。日本ボクシング連盟の山根明元会長みたいな、ちょっと特殊な雰囲気を醸し出す人たちなんでしょうか。

清武 どうでしょう、山根さんのようなタイプはほとんどいないと思いますが（笑）、まあ、どちらかと言えば幸せより不幸な人にしか私は会わなかったです。

平成二十九年度の税制改正で制度が変わりましたけど、この作品『プライベートバンカー』では「五年ルール」が適用されていた時代のことを描いています。一年間のうちの半分以上、百八十三日以上を海外で暮らす生活を五年続ければ、日本の居住者ではないと見られることを突き、うまくすると、海外においた資産に対する相続税や贈与税を日本の国税当局に払う必要がないというのです。

そのため、資産を海外に逃がしたうえで、家族で海外に移住する富裕層が多くいました。しかしそういった資産家一家で、最初に「日本に帰りたい」と言い出すのはやはり女性なんですね。息子の妻とか、自分の奥さんがまず崩れる。なんのためにこんなところにいるのか、カネならもうあるじゃないの、もう帰ろう、と。それで家庭不和に陥るということがありました。

佐藤　そうでしょうね。「パパ、税金払ってもう日本に帰ろうよ」となるでしょうからね。男は自分の稼いだカネだし、一晩海外で我慢したらいくら節税になるとか考えながら、必死で頑張るんでしょうけれども。

七つの大罪

清武　佐藤さんだったら何年くらい海外で我慢できますか？

佐藤　以前に短期間、ロサンゼルスに住んだこともあるんですが、正直、あんまり海外は好きじゃないですね。英語がそれほど得意なわけではないので、まあ、買い物に困らないくらいは喋れますけど、それでもやっぱり日本が好きですね。

だから、相続税や贈与税を節税するために五年も十年も海外で頑張るというのは、僕にとっては塀の中に入っているというのと変わらない感覚になってしまいます。

清武 一年なら住める……と思います。昔、『敦煌』という映画の撮影で半年間ゴビ砂漠に滞在したんです。いちおう外国人用のホテルだったんですが、たまにお湯が出ると「お湯が出るぞ！」って叫んで、みんなで一斉にシャワーを浴びるという環境でした。町に電話回線が二つか三つしかないから、日本に電話したくて夕方五時に申し込んでおくと深夜零時ころに「テレフォン！　テレフォン！」と起こされる（笑）。二十代で若かったからできたけど、いまもしそういうお仕事がきたら僕は遠慮しておきます、ってなるでしょうね。

佐藤 ははははは。

清武 それよりも、日本にいて家でザッピングしながらテレビのスポーツニュースを見たりとか、一人で晩酌するにしても、自分の国にいるという安心感がありますよね。

佐藤 芸能人と呼ばれる人は海外が好きでしょう。ハワイに別荘を持ったりとか。

清武 みんな本当に好きですね。ハワイにコンドミニアムを持ったりとか、オーストラリアでゴルフをやったりとか。僕もゴルフに同行させてもらうことはあるんですが、飛行機に乗ってイミグレーションを通ってというのがおっくうに感じるところもありますね。

　まして自分の資産を子どもに残すために海外での生活に耐えるというのは……。

清武　極端な話、子どもにカネを残さなくてもいいということですか。

佐藤　もちろん人情としては多少は残してあげたいということはあるんでしょうけど、本当に子どものことを考えたら、もしかしたら残さないほうがいいのかもしれないとは考えますね。だから家族にも、「（相続するおカネは）ないかもしれないよ」という話はしているんですけれど。

　むしろ家族以外に、この本に出てくる女性バンカーたちのような、時間を持て余す富裕層の話し相手になってあげている人に、少し資産を残そうという人はいないんですか。

清武　いないようです。それどころかすごくシビアで、一緒に昼ごはんを食べても何ドルまでと上限を指定されるようなこともあるくらいですから。

佐藤　やっぱりおカネ持ちほどしっかりしている（笑）。

――お二人にとって、カネとはどのようなものですか。

清武　私は、まったくカネを残すようなタイプの人間ではないので、普通にメシが食えて、ときどき取材旅行ができるくらいのカネがあれば、それで十分かな、と思っていますね。

巨人軍の球団代表を外れたときに、おカネに対する執着も捨ててしまったから（笑）。あのまま我慢していればそれなりの収入だったんでしょうけど、でもそのために自分の信念を曲げてまでドンや組織に屈することはまったく考えなかった。

本が売れて印税がたくさん入ればもちろん嬉しいけれど、それは自分の書いたものが読者に支持されたということなので、自分を殺してまでカネが欲しいという考えはないですね。

佐藤　僕は二十代のときはずっと貧乏で、いつになったら勘定の額を気にしないでメシを食ったり飲んだりできるようになるのかなと思っていましたけど、結局それも性分の問題で、六十歳近くになってもいまだに「ここの店高そうだな、いくらなんだろう」と、つい頭をよぎってしまう。全然変わらないですね。

その一方、僕のゴルフ仲間でもとりわけ豪気に散財しているのは、カネがカネを生んでくれているという人たちですよね。手元の資産を運用して、それでまた資産の額が増えてという。

僕たちの仕事はキツい仕事もあればなんとなく楽な仕事もあるんですけど、ともかく現場に自分の身体を持って行って、それでおカネをもらっているわけで、だからいつまで経ってもおカネに対する感覚が変わらないのかもしれないですね。自分の汗のついた一万円札って、やっぱりダメなんですよ。簡単には使えないなと思います。

俳優って、結局肉体労働ですから。作家のお仕事も同じですよね。

清武　いま、名言を思い出しました。

〈現代社会に巣くう七つの大罪、その一つは労働なき富である〉

佐藤　誰の言葉ですか？

清武　ガンジーの墓の石碑に刻まれた言葉です。

佐藤　僕もついに、ガンジーと肩を並べましたか（笑）。素晴らしい。

でも、頬っぺたは出したくないな（笑）。

（２０１８年８月16日収録）

本書は二〇一六年七月刊行の『プライベートバンカー　カネ守りと新富裕層』（講談社）に加筆、修正のうえ、新たに『追跡章　真相の向こう側』を書き下ろし、完結版として文庫化したものです。

清武英利―1950年宮崎県生まれ。立命館大学経済学部卒業後、75年に読売新聞社入社。青森支局を振り出しに、社会部記者として、警視庁、国税庁などを担当。中部本社（現中部支社）社会部長、東京本社編集委員、運動部長を経て、2004年８月より読売巨人軍球団代表兼編成本部長。11年11月、専務取締役球団代表兼GM・編成本部長・オーナー代行を解任され、係争に。現在はノンフィクション作家として活動。著書『しんがり　山一證券 最後の12人』（現在は講談社＋α文庫所収）で14年度講談社ノンフィクション賞、『石つぶて　警視庁 二課刑事の残したもの』（講談社）で18年度大宅壮一ノンフィクション賞読者賞を受賞。主な著書に『奪われざるもの　SONY「リストラ部屋」で見た夢』（講談社＋α文庫）、『空あかり　山一證券〝しんがり〟百人の言葉』（講談社）など。

講談社＋α文庫 プライベートバンカー
――完結版　節税攻防都市

清武英利《きよたけひでとし》

2018年10月18日第１刷発行

発行者――渡瀬昌彦
発行所――株式会社 講談社
東京都文京区音羽2-12-21 〒112-8001
電話 編集(03)5395-3522
販売(03)5395-4415
業務(03)5395-3615

デザイン――鈴木成一デザイン室
カバー印刷――凸版印刷株式会社
印刷――慶昌堂印刷株式会社
製本――株式会社国宝社

落丁本·乱丁本は購入書店名を明記のうえ、小社業務あてにお送りください。
送料は小社負担にてお取り替えします。
なお、この本の内容についてのお問い合わせは
第一事業局企画部「＋α文庫」あてにお願いいたします。
Printed in Japan ISBN978-4-06-513682-9
定価はカバーに表示してあります。

講談社+α文庫 Ⓖビジネス・ノンフィクション

男はつらいらしい
奥田祥子
女性活躍はいいけれど、男だってキツイんだ。その秘めたる痛みに果敢に切り込んだ話題作
640円 G 293-1

永続敗戦論 戦後日本の核心
白井 聡
「平和と繁栄」の物語の裏側で続いてきた戦後日本体制のグロテスクな姿を解き明かす
780円 G 294-1

*毟り合い 六億円強奪事件
永瀬隼介
日本犯罪史上、最高被害額の強奪事件に着想を得たクライムノベル。闇世界のワルが群がる！
800円 G 295-1

証言 零戦 生存率二割の戦場を生き抜いた男たち
神立尚紀
無謀な開戦から過酷な最前線で戦い続け、生き延びた零戦搭乗員たちが語る魂の言葉
860円 G 296-1

証言 零戦 大空で戦った最後のサムライたち
神立尚紀
零戦誕生から終戦まで大空の最前線で戦い続けた若者たちのもう二度と聞けない証言！
950円 G 296-2

証言 零戦 真珠湾攻撃、激戦地ラバウル、そして特攻の真実
神立尚紀
特攻機の突入を見届け続けたベテラン搭乗員の真情。『証言 零戦』シリーズ第三弾！
1000円 G 296-3

証言 零戦 搭乗員がくぐり抜けた地獄の戦場と激動の戦後
神立尚紀
「慶應の書生」から零戦搭乗員となった江戸幕府旗本の孫はなぜ特攻を志願したのか？
1000円 G 296-4

*紀州のドン・ファン 美女4000人に30億円を貢いだ男
野崎幸助
50歳下の愛人に大金を持ち逃げされた大富豪。戦後、裸一貫から成り上がった人生を綴る
780円 G 297-1

*紀州のドン・ファン 野望篇 私が「生涯現役」でいられる理由
野崎幸助
美女を抱くためだけにカネを稼ぎまくる男が「死ぬまで現役」でいられる秘訣を明かす
780円 G 297-2

*政争家・三木武夫 田中角栄を殺した男
倉山 満
政治ってのは、こうやるんだ！「クリーン三木」の実像は想像を絶する政争の怪物だった
630円 G 298-1

*印は書き下ろし・オリジナル作品

表示価格はすべて本体価格(税別)です。本体価格は変更することがあります